창 간

창작문학

조선문학사
조선문학문인회

워싱턴창작문학회 화보

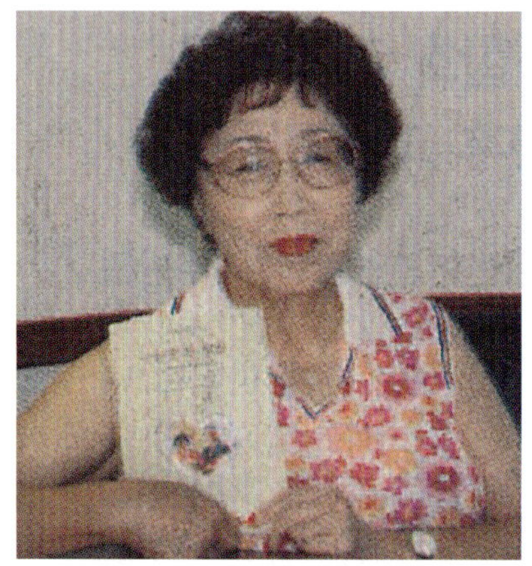

▲수필집『사랑과 행복』
출판기념회에서의 정영희 회장

▲ 조선문학작품상을 수상한
정영희 회장

▲ 창작문학회 송년회에 참석한 멤버들

▲ 창작문학회 회원 야외나들이

▲ 창작문학회 멤버들

▲ 창착문학회 신년모임에서

▲ 창착문학 발간 모임

▲ 창착문학회 월례회를 마치고

창작문학

창간호 / 2013년

워싱턴 창작문학회

■ 창간사

『창작문학』을 펴내며

정영희
(워싱턴창작문학회회장)

십 대에는 오늘을 즐겼으며, 이십 대에는 하루 앞을 그리고, 삼십 대에는 광활한 미래를 그려보며 이 시점에까지 도달했건만, 어째서인지 마음은 옛날 그것과 별 차이가 없을까?

여기 인생 90을 바라보는 이가, 80, 70이 넘은 경험의 귀재들이 모여 한 올 한 올 실로 십자수를 놓듯 한 자 한 자를 써 보았습니다. 한결같이 주옥같은 글들, 자기 자신의 인생이요, 삶인 한 자 한 자가 어찌나 값이 있어 보이고 아름다운지 글로는 다 형용할 수가 없군요.

위대한 종교가나, 유명한 철학자같이 명언 명구는 아니더라도 삶의 체험과 인과 관계에서 얻은 값진 경험들을 글로 이렇게 녹여 놓았으니 부끄럽지 않게 세상에 외치고 싶군요.

바쁘고 고달픈 이역 생활 속에서도 자기 삶의 철학을 망각하지 않고 한 줄의 글로 승화시킨 그 학문적인 문학에의 추구는 뒤에 따라오는 후손들에 좋은 귀감이 되어 길이길이 남으리라 믿어 의심치 않는답니다. 오늘도 쌩쌩 달려보는 운전 솜씨, 스마트 전화기 다루는 솜씨를 보면 그 누가 우리를 구세대라 하겠습니까? 우리는 우리대로의 철학으로 먼 훗날을 바라보며 오늘의 사고로 사색하는 자세로 좀 더 많은 그리고 좋은 글들과 친숙해서 좀 더 풍요로운 생활을 향유해야 되겠습니다. 앞서 가는 사람은 조금 늦은 사람을 격려하며, 늦었다 느끼는 사람이라면 앞서 가는 사람들에게 배움을 부끄러워하지 않는 우리 회원님들이기에 각자의 하루하루가 그렇게 즐겁고 행복하시리라 믿습니다.

한 수의 시를 문학이라 하던가요? 거기에 심오한 철학이 있겠지요? 이렇게 살아왔고 또 이와 같이 살아가야 할 목적과 의무가 있는 사람들이 우리들입니다.

목표가 보이면 가기가 쉽지요! 우리 다 같이 노력하여 오래 기릴 글들을 쓰는데 정진하시는 모든 회원님들 되실 것을 믿어 의심치 않습니다.

감사합니다.

■ 추천의 글

아름다운 삶 고백하는 장이 되길

류응렬
(현 워싱턴중앙장로교회담임목사, 전 총신대학교교수)

아끼는 한 후배의 독창회에 참석한 적이 있습니다. 성악 교수님과 함께 자리에 앉았으니 오늘 노래에 대한 평은 제대로 기대할만 했습니다. 곡이 끝이 날 때마다 교수님은 자리에서 일어나 박수를 쳤습니다. 음악에 대하여 문외한이라고 좋은 음악을 즐길 권리가 없는 것은 아니겠지요. 저도 덩달아 일어나 힘껏 박수를 쳤습니다. 후배에 대한 감사와 격려가 배어있는 박수였습니다. 음악을 전공한 교수님은 어떤 마음으로 일어나셨는지 궁금했습니다. 노래만큼이나 감동적인 대답이었습니다. "저 선생의 노래는 순수합니다. 꾸밈이 없어요. 순수, 그것이 감동입니다."

아름다움을 주는 글은 정직한 글이며 감동을 주는 글은 순수한 글이라 믿어왔습니다. 저는 시문학을 전공했지만 제대로 쓰는 재주가 없지만 평명한 일상의 삶 속에서 새벽 공기 같은 맑은 글을 읽으면 분주한 삶 속에서 잠시 마음을 가다듬고 하늘을 바라보게 됩니다. 삶의 한 자리에서 잠시라도 자신을 바라보며 생각의 여유를 가지는 것, 이것은 글을 통해 만나는 저자에게 대한 독자의 고마움의 표현입니다.

글을 쓴다는 것은 안으로는 자신을 정돈하는 일입니다. 자신을 들여다보게 하기에 글을 쓴다는 것은 자화상을 그려가는 일입니다. 자화상이란 기계가 찍어내는 사진이 아닙니다. 백지의 캔버스에 마음을 쏟아놓는 그림입니다. 글을 쓰면 과거가 떠오르고 현재가 나타나고 미래가 그려집니다. 글을 쓴다는 것은 지난날을 돌아보면서 앞으로 나아가는 소중한 걸음입니다.

글을 쓴다는 것은 밖으로는 세상과 대화하는 길입니다. 사람은 누구도 홀로 호흡할 수 없는 존재입니다. 누군가 나의 아픔을 읽으면서 함께 눈시울을 적시기도 하고 살뜰하게 풀어내는 마음의 향기에 아련한 과거가 살아오기도 하고 진솔한 고백에 맞장구를 치기도 합니다. 문학의 예찬이란 사람과 사람을 만나게 하는 바로 이런 위대한 소통에 있습니다.

워싱턴 창작문학회에서는 평범한 삶의 현장에서 포착한 다양한 이야기를 참 진솔하게 풀어놓았습니다. 아침에 해가 뜨고 저녁에 해가 지지만, 이를 잘 보지 못한 채 하루를 보내는 저에게 잠시 눈을 감고 하늘의 해와 달과 별들을 바라보게 합니다. 바람소리에 귀도 기울이게 하고 마음대로 피어있는 길가의 풀포기에 시선을 멈추게도 합니다. 땅위에서도 살아갈만한 넉넉한 이유를 주신 하나님께 참 아름다운 삶이라고 고백하게 합니다. 이 문집을 읽은 여러분들도 저와 같이 고결한 삶의 한 순간을 누리면서 고마워하는 시간이 된다면 좋겠습니다.

■ 축사

창작은 삶의 창조이다

백 순
(시인 · 문학평론가 · 워싱턴중앙장로교회원로장로 · 미국노동성선임경제학자)

비록 미국 땅에 살고 있지만 마음속에 품고 이민 온 한글을 활용하여 미국에서의 한국문학을 창작하고 있는 창작문학회가 이제 3년밖에 되지 않았지만 첫 작품집을 출판함에 심심한 축하를 드립니다.

현 미국계관시인인 나타샤 트레더웨이(Natasha Trethewey)는 창작이란 "나의 개인적인 숨은 이야기를 인간보편/역사의 숨은 이야기와 접목시키는 글을 쓰는 것이다"라고 주장한 바 있습니다. 나의 삶 속에서 알려지지 아니한 이야기를 끄집어내어 발표하는 것만으로는 문학의 뜻있는 창작이라고는 할 수 없고, 나의 숨은 이야기를 사회나 역사의 신비 이야기에 연관시켜 시를 쓰든, 수필을 쓰든, 플롯을 엮어 소설을 쓰든, 글을 적어가는 것이 진정한 의미의 창작이라 할 수 있을 것입니다.

창작문학회의 작품들을 읽어 보면 위에서 언급한 참된 의미의 창작을 대략 갖추고 있음을 알 수 있습니다. 첫 작품집에 이어 앞으로 계속 작품집을 출판할 터인데 축하하면서 몇 가지의 바램을 적어봅니다.

첫째, 나의 이야기와 역사의 이야기를 좀 더 진지하게 접목하는 창작의 길을 넓게 열어 놓으면 미주 한인문학 발전에 크게 기여할 것으로 기대됩니다. 이를 위해서는 나의 경험을 다방면으로 넓히는 노력도 중요하겠지만, 역사와 문화에 대한 연구가 뒤따라야 할 것이 요청된다고 하겠습니다.

둘째, 나의 이야기를 개인, 가정, 직장, 여행 등의 삶에만 국한시키지 말고 미주 한인사회 뿐만 아니라 미주 주류사회에 대한 참여로 확산시킬 때에 창작의 내용과 문학사상이 풍부해질 수 있게 될 것입니다.

셋째, 창작문학회의 창작활동이 주로 한글을 사용하는 미주 한인문학이 주종을 이루고 있다고 할지라도 미국의 수도 워싱턴디시에 살고 있는 창작문학회 회원들에게는 미국의 주류문학에 접할 수 있는 좋은 기회가 많을 것으로 기대됩니다. 자주는 못한다 하더라도 얼마 만에 주기적으로 미국문학 동향에 접할 수 있는 강좌 등을 기획하는 것이 요청된다고 하겠습니다.

다시 한 번 창작문학회의 첫 작품집 『창작문학』 출판을 축하하며, 앞으로 미주한인 문학발전에 앞장을 서고 더 나아가 한국문학에도 중대한 영향을 미치는 창작문학회가 되기를 충심으로 바랍니다.

■ 격려사

글쓰기로 스스로의 회복과 화해의 모색을

박태욱

(워싱턴 한국일보 편집국장)

워싱턴 창작문학회 회원들의 첫 작품집 『창작문학』 발간을 진심으로 축하드립니다. 창작문학회가 창립될 때부터 회원들의 글쓰기와 활동을 지켜본 저로서는 문집이 출간된다는 소식을 듣고 축하에 앞서 경이로움과 함께 그 열정에 고개를 숙이지 않을 수 없었습니다.

한 작품을 탄생시키기까지 얼마나 큰 산고의 노력이 있어야 했는지를 글 쓰는 이로서 잘 알기 때문입니다. 침침해지는 눈을 돋보기에 의지해 철자 하나, 문장 하나, 표현 하나 하나에 심혈을 기울였을 모습이 눈에 선하기 때문입니다. 자신의 글에 대해 부끄러워 어쩔 줄 몰라 하는 겸손함과 언젠가는 좋은 작품을 써낼 것이라는 굳은 의지를 항상 볼 수 있었기 때문입니다.

창작문학회 회원들 대부분은 한국 현대사의 질곡을 몸으로 헤쳐 나오신 분들입니다. 푸릇푸릇한 청춘의 꿈을 전쟁으로, 가난으로, 억압으로, 바쁜 일상으로 접어야 했을 것입니다. 더욱이 여자라는 이유 하나로 겪어냈어야 할 풍상에, 척박하고 힘든 이민생활까지 견뎌야 하셨습니다.

창작문학회 첫 작품집『창장문학』에 큰 박수를 보내는 이유가 여기에 있습니다. 가슴에 쌓고 쌓았던 삶의 편린들을 한숨과 한탄으로 토해내지 않고, 진솔하고도 따뜻한 글로 오롯하게 내놓았다는 것입니다. 모임을 통해, 글쓰기를 통해 스스로를 회복시키고 타인뿐 아니라 자신과도 화해를 모색하고 있다는 점은 더욱 우리를 감동시킵니다.

글쓰기의 기반은 경험일 수밖에 없고 경험에서 우러나온 이야기가 진한 감동을 주기 마련입니다. 창작문학회 회원들은 누구보다도 무궁무진한 이야기보따리를 갖고 계신 분들입니다. 그것이 절제된 시어로, 유려한 수필로, 큰 울림을 주는 소설로 이제 꽃 피울 때가 됐습니다.

첫 동인문집에 만족하지 마시고 앞으로 제10집, 20집에도 작품이 실리게 되길 기대합니다.

책 출간을 위해 노심초사 하셨을 정영희 회장님과 회원들 모두에게 다시 한 번 축하를 드립니다.

워싱턴 한인 이민사회에 또 한 권의 좋은 책을 선사해주셔서 함께 기뻐하며 감사 인사를 전합니다.

창작문학 창간호 차례

회원 광장

김경란 편

박도영 편

손지언 편

이은애 편

정영희 편

정청자 편

조금선 편

지영자 편

차영운 편

하순득 편

김 경 란의 시와 산문

만종(晩鐘) 김경란 약력

- 1932년 서울 출생
- 1952년 중국 본헌여고 졸업
- 1977년 미국 이주
- 1978년 달라스 공항 근무
- 2002년 중앙시니어문예부 회원
- 2006년 미주 문예동우회 회원
- 2012년 워싱턴 창작문학 회원
- 『노을 진 들녘』, 『그루터기』, 『들녘에 핀 사슴의 노래』 등 공저

■ 산문

해방으로 고향에 오기까지

우리 식구는 중국 봉천에서 살았다.

아버지께서 공장과 식량 배급소를 경영하신 덕에 우리 식구는 일제 치하 전쟁 말기의 고생과 곤란의 세월에도 그런대로 의식주에 대한 걱정 없이 잘 살아왔다. 일본이 미국 진주만을 선전포고 없이 기습한 일(日)·독(獨)·이(伊) 삼국동맹이 저지른 세계 제2차 대전이 미·영 제국의 연합작전에 밀려 패색이 역력할 때, 매일같이 방공훈련, 등화관제 등으로 학교도 휴교하며 집집마다 놋그릇을 비롯해 놋대야는 물론 심지어 밥 먹는 수저까지 깡그리 수탈해 가더니 얼마 있지 않아서 연합군에 무조건 항복을 함으로써 1945년 8월 15일 해방으로 조국이 광복을 맞았다.

해방을 맞은 기쁨의 만세 소리는 천지를 뒤흔들고 보지 못하던 태극기의 물결은 거리를 메우고 우울하고 암울했던 세상이 대명천지로 변하는 개벽이 이루어지는 것 같았다.

독립운동을 하시던 작은아버지와 작은어머니, 그리고 부모님들이 벅찬 희망의 설계도 채 그리기 전, 해방 3일 만에 해방군이라고 하는 붉은 군대 소련군이 진주하여 들어오면서 온갖 약탈과 불법을 서슴지 않았다. 머리를 짧게 깎고 군복에는 찌든 때가 꾀죄죄하고 노린내를 내뿜는 파란 눈이 총을 들이대고 지나가는 사람의 손목시계, 만년필을 빼앗고 밤이면 불을 끈 집집에 도둑같이 들이닥쳐 닥치는 대로 노소불문 부녀자들을 겁탈 강간하고 재산을 빼앗아 가는 등, 실로 그 횡포는 극에 달함으로 선량한 시민들이 공포와 도탄에 빠져서 일상생활을 할 수 없는 형편에 이르렀다.

더 이상 이곳 생활을 계속할 수 없다는 판단에 아버지와 작은아버지가 내린 결론은 이제 고향으로 돌아가자는 것이었다.

우리는 더 이상 망설일 필요 없이 부랴부랴 귀중한 물건들만 챙겨 피난 가듯, 그동안 정들었던 봉천 땅을 뒤로하고 떠났다. 그때 우리 집에서 일하던 일꾼들도 함께 떠났다.

나는 어려서 잘 모르지만 아버지께서 돈으로 어찌어찌 주선, 우리 일행이 단독 전용으로 사용할 수 있는 객차도 마련하시고 또 우리를 마적단에서 보호할 수 있는 경호원도 몇 명을 확보하셨다고 후일 들었다.

몇 칸 되지 않는 객차에는 이미 칸칸에 귀환 인파로 꽉 차 있었다. 우리 전용 객차 칸에도 예외는 아니었다. 질서나 경우는 찾아볼 수 없었다. 이미 객차의 유리는 하나도 남지 않고 모두 깨어진 차내는 발 디딜 틈조차 없었다. 객차 안뿐 아니라 몇천 명의 난민이 객차 지붕 위에도 썩은 생선에 달라붙은 똥파리같이 죽기 아니면 살기로 체면이나 인정은 찾아볼 수 없이 매달려 있었으며 그 몰골은 남녀노소 모두가 거지 중 상거지였다. 인간이 아니라 달리는 열차 속에 처박은 짐짝에 불과했다. 보이지 않는 식구들의 이름을 부르는 고함소리가 애처롭고 처절해 문자 그대로 아비규환이었다. 차 지붕에서 떨어져 죽은 사람도 수없이 많았다. 어쨌든 고생 끝에 신의주에 도착하니 고국 땅을 밟은 것으로 일단 안심을 놓을 수 있었다.

우리 식구는 신의주 어느 여관에 일시 여장을 풀고 근 한 달 동안 이곳에서 고국의 변한 환경을 예의 주시하며 눈치를 보았다. 이미 3·8선으로 남북이 허리가 잘리고 북쪽은 소련 군대가, 남쪽은 미국 군대가 주둔하고 있다는 사실이 우리의 마음을 다시 힘들게 했다. 그래서 아버지와 작은아버지는 다시 서둘러 고향 땅을 밟아야 한다고 우리를 채근했다. 긴 여행으로 우리 모두 지치고 기진해 있었다.

아버지의 고향은 경상북도 경주 밑 감포다.

우리는 능력 있는 아버지의 주선으로 다시 신의주역에서 기차로 옛 송도 개성을 향해 제2차 귀향길에 올랐다. 개성에서 며칠 또 3·8선 눈치를 살피다가 칠흑 같은 밤에 월남을 위해 올빼미같이 산길을 떠났다. 물설고 낯선 곳의 험산 준령을 넘자니 여간 힘들고 고되지 않았다. 어린 우리들이 힘들어하니 아버지께서는 시초가 일각인데 낙오하면 그냥 두고 갈 테니 정신 바짝 차리고 따라 붙으라고 하시면서 인정 없이 몰아세우셨다. 더욱이 소련 군대가 지키고 있는 3·8선을 넘어야 한다. 이곳을 죽음의 3·8선이라고들 했다. 이 앞에 높이 솟은 송악산을 넘어야 자유의 남한 땅이라고 했다. 캄캄한 밤, 앞이 보이지 않는 산속 수풀을 더듬어 가며 숨소리조차 죽여가면서 마지막 젖먹던 힘까지 다하며 넘어지면 일어나고 쓰러지면 기어가고 정말 기를 쓰고 죽기를 다하여, 하늘이 도와서 3·8선을 넘고 자유의 땅에 발을 세우니 천하를 얻은 것 같았다.

가벼운 발걸음으로 서울에 도착하여 여관에 여장을 풀고 나니 오히려 긴장이 풀려 허탈한 기분이었다. 몇 달 만에 목욕하고 머리를 감고 나니 정말 정승이 부럽지 않았다. 우리는 여관생활이 그동안의 여독을 말끔히 씻어주는 것 같아서 며칠 더 쉬었으면 했는데 아버지와 어른들은 하루 속히 고향으로 내려갈 생각으로 일주일 만에 다시 길 재촉을 해서 서울에서 세 대의 트럭에 짐과 함께 실려 대구, 영천, 경주를 지나 감포 큰아버지 집 대문 안에 들어서니 모두 32명의 대 식솔이 마당 가득히 채워졌다. 갑자기 고성통곡이 동네를 뒤흔들었다. 생사의 고비를 무사히 넘기고 고향에 돌아온 형제간의 운명과 다시 만나 상봉을 감격하여 목을 끌어안고 눈물로 얼굴이 범벅되어 울고 또 울고 기쁨과 환희가 벅차던 8·15의 감격이 눈에 선하다.

■ 시

님의 목소리

하얀 밤 하얀 얼굴
알알이 맺힌 진주알

바람결에 들리는
님의 목소리

치맛자락 끌며
버선발로
사립문에 나갔더니
님은 없고
가지 끝에 걸린 달이
처량하게 비춰준다

너, 달아
약속한 내 마음
내 님에게 전해다오

노을 진 바닷가

하늘에 황금 뿌린 듯
찬란한 바닷가에서
밝은 햇살이 나를 반겨
어루만지고

밤새도록 잠 못 들어 뒤척이는
바다도 말 못할 사연이 있는지
나와 같이 밤샘을 거듭한다

오랜만에 자식들과 함께하는
즐거움에 잠 못 이룬 나
흘러간 추억이 재생하는
가슴에서 또 다른 신나는
꿈을 낚으려고 한다

노을에 젖어드는 나의
황혼길 참되고 멋지게
살아가야지

모닥불

은빛별이 쏟아지는 밤하늘에
찬양이 퍼진다

타닥타닥
모닥불 타는 소리
통나무도 희나리도 타닥타닥 불혀를 드러내며
모닥불 숯불 속에
감자, 옥수수, 고구마 함께 익는다

모닥불 둘레에 찬양이
기타, 바이올린
소프라노
알토
테너
베이스
멋진 화음의 찬양이
밤하늘에 울려퍼진다

희망의
환희의
낭만의 찬양이
모닥불 피는 하늘의
젊은 날의 추억이……

빨간 엽서

누가
언제 던져놓고 어디로 숨었을까
빨간 엽서 한 장

보낸 사람 이름도 없는
오직
빨갛게 불타는 정열만 놓고 갔다

가을로 함빡 젖은 마음
동그란 웃음 앞에
연정(戀情)을 만진다

빨간 연정의 젊음을
설레는 추억에 담아
내 늙은 가슴벽에 걸어본다

엄마 아빠 계셨다면

엄마 아빠 살아 계시면
예쁜 꽃 따다 엄마 머리에 꽂아주고
금단청(金丹靑) 고운 비단으로 단장을 시키고
시조를 즐기시던 아빠에겐
금배(金杯)에 한 잔 가득
두견주(杜鵑酒) 담아 올리고
홍취(興趣)한 아빠 앞에
아장아장 재롱떨며
효도하겠는데
어쩌다 엄마 아빠 일찍 가셨는가요?

어언 세파(世波) 타고 흘러온 세월
안경테 너머 바라본 창엔
지팡이 의지한 노파 하나
말갈기 같은 백발 날린다

내 나이 80넘어도
아직도 엄마 아빠 품 그리움은
살아생전 효도 한 번 못한
사무친 원한이 산이 되어 웁니다

오솔길

오솔길 터벅터벅
외로이 걷는다
아무도 개의치 않는
완전무결한 오솔길에선
내가 여왕이다

가다가 심심하면
풀잎 따서 풀피리
신나게 불어대고
나 위해 마련된
평상 같은 바위에 걸터앉아
푸른 하늘 향해 보내보는

경쾌한 "야! 호!" "야! 호!"
오솔길가에 드러누운
이끼 낀 평상 외로움 달래며
힘겹게 기다린 나

오솔길가 작은 꽃들 벗 삼아
희롱해롱 장난치는 순간
만물이 평화를 만끽하는
축복된 한나절

폭풍주의보

먹구름이 밀어닥치고
비바람이 몰아치면
폭풍주의보가 발령됐다

세상이 온통
비바람에 날아갈 것 같다
나뭇가지가 부러지고
간판이 날아가고
사람마저 날아갈 것 같다

몹쓸 불청객으로
생활권이 마비되는 것 같다
만물의 영장인 인간도
자연의 폭풍 앞엔 무기력하다

천국

푸른 하늘 저 끝으로
구름되어 오라하네
바람되어 오라하네

은금 보화 찬란한 곳
기쁨으로 오라하네
찬양하며 오라하네

영원한 집에 주님 기다리며
사랑하며 오라하네
용서하며 오라하네

영생과실 열리고 생명수 흐르는 곳
천사들이 찬미하며 나팔소리 진동하는
영생의 복음자리 소망의 나라

어머니

달도 별도 못자는 밤
애들은 다 새근대고
구천의
벌거숭이 엄마의 뜨거운 가슴을 더듬는다

천년의 인연
백옥의 작은 두메
사랑과 눈물로 타래사려 귀염주시고
시 때 없이 가슴에 품어주신 어머니 어머니 어머니……

천만번 불러도 다함없이 그리운 어머니
달도 별도 내 맘 같아 잠 못 이루고
바람마저 이 밤 소리 죽여
창가에 애달픈 가슴 울리누나

하늘에 부친 편지

당신이 심은 포도나무
꽃샘바람 지나가니
움트고
여린 연록 잎이 생기를 냅니다

두엄주고
가지치고
가뭄에 물주고 김매며
가슴 가득 꿈을 피웁니다

넝쿨 뻗고
꽃이 피어
싱그러운 청포도 송이 무겁게 늘어지면
다정했던 당신을 그립니다

오늘도
청포도 나무 아래서
부푼 꿈을 파란 잎사귀에 담아
번지 없는 하늘에 띄워 드립니다

허무

초점 잃은 눈동자
허공을 흐른다

청포도 송이같이 주렁주렁했던 꿈
가을바람 단풍 속에 떨어지고

지금은
넓은 설원 삭풍 속에 홀로 선 노송

어언 지팡이 세운 인생 길
약속 없는 봄을 기다리는 무상한 세월
가면 오지 않는 허무한 인생

봄비

봄비
봄비 소리없이
숨 죽여 잔딜 밟는다

봄비
봄비 씀바귀 냉이 달래
노랑 민들레 꽃술에
초초롬히 내린다

봄비
봄비 빨강 노랑 보랏빛 꽃씨 안고
진달래 개나리 자목련 꽃술에
은방울 굴린다

봄비
봄비 소리없이
내 맘에 잠자는 사랑을 깨운다

언덕 위의 하얀 집

사랑의 웃음꽃 피는
언덕 위 하얀 집

당신이 계셨기에 아름다웠고
당신의 숨결이 있어 따뜻했지요

당신의 손길 간곳마다
꽃이 피었고
당신의 휘파람에
들새 우저기고

언덕 위
하얀 집 푸른 하늘에
새털구름은
당신이 펴 놓은 잔잔한 사랑

불어오는 바람은
당신의 사랑노래였소

언덕 위
하얀 집은
사랑의 보금자리였소

어머니 생각

새봄이 오롯이 찾아오면
지지배배 종달새 울고
하늘하늘 늘어진 실버들
봄맞이 춤사위가 한창이다

봄이 오면 가슴 저리게 보고 싶은
우리 엄마,
나의 우주로 군림하시고
나의 사랑 전부이셨던
우리 어머니

세월의 물레바퀴 반세기를
돌아도 지울 길 없는 어머니 모습
별빛 반짝이는 밤하늘 응시하며
다시 못 올 어머니
가슴속에 촉촉이 그려본다

하늘과 땅 사이 아득히 떨어져 살면서
때론 달님으로 또 때론 별님으로
창가에 찾아와 고요히
엄마소식 전해준다

영원한 화인으로 찍힌 어머님 모습
내 가슴에 영원히 살리라

늙은 초상화

세계지도 말아 안고
팔도강산 내 천 모아
허한 세월 머리에 이고
뿔테 자전거 콧등에 얹고

은광 금광
두 줄 박고

바람 따라 뜬 구름에
북망산 달려가는
인생 구십단

벗을 그리는 마음

뭉게뭉게
흰 구름 높은 하늘

갈대밭 소슬 대는 바람소리
거울 같은 맑은 호수

등 굽은 노송 외로운 들판
내 그리운 벗들
셋이 마냥 즐겁게
네잎 클로버 찾아 헤매던 추억이
지금은 파도에 실려 수평선 넘어
아스라이 사라져간다

바위와 노송(老松)

산이 창자를 드러낸
험한 절벽 산정에
청태 덮은 태고의 바위와
칡넝쿨에 옥죄여 허리 굽은 노송
무상한 풍상에 가슴으로 지탱하고 있다

억겁의 풍세에도
입 다물고 가슴 저미고 말 없는 바위
천년의 풍설에도
세속을 탓하지 않고
푸름으로 속세를 벋쳐온 노송

서로 말 없이도
오랜 세월
가슴으로 말하며
탁마(琢磨)로 불의를 전민(煎悶)하는
청빈(淸貧)한 바위와 노송

언제쯤
가슴 열고 말할 것인가?

꿈에 본 내 고향

산을 넘고 강을 건너
찾아간 고향인데
나를 보고 낯가림 했다

정든 님 비롯하여 소꿉친구
이웃들 찾을 길 없는
텅 빈 고향이 나를 맞았다

늙은 실버들 외로이 눈물짓고
피리 불던 옛 친구들 자취도
묘연했다

언제나 고웁게 피어나던
찔레꽃도 행방이 묘연하고
주인 잃은 들판엔 외로운
하늬바람만 흐느껴
울고 있다

서귀포(西歸浦)

서귀포 칠십 리
진주 캐는 비바리

흰 양이 뛰노는
파란 하늘 목장

비취를 깔아 놓은
초록 바다

눈부신
금빛 모래

기암절벽에 기댄
허리 굽은 해송

옛 꿈을 캐는
비바리의 휘파람에

서귀포 칠십 리
노을에 탄다

늙은 호박

누런 단호박
부잣집 맏며느리같이
후덕한 호박
맏며느리 엉덩이같이 둥글둥글

인심 좋아
호박죽
호박찜
호박부침
제 몸 팔아 동네 잔치
후박한 늙은 호박 인심에
동네방네 즐겁다

고독

이지러진 달빛 아래
창가에 기대 앉아
달빛에 묻어버린 세월
애처로운 시린 마음

멈춤 없는 물결 위에
설움을 띄워 보내며
고독으로 시를 쓰는 인생의 세모(歲暮)

임자없는 찬바람만
문풍지를 울린다

눈썹달

고향 집 떠나올 때
짐 꾸러미에 깊게 싸온 하얀 눈썹달

별들도 외면한 깊은 밤
외로울 때
잊지 않고 풀어보는 하얀 눈썹달

산 넘고 바다 건너 수만리 이국땅에
고향 소식 그리우면 풀어보는 하얀 눈썹달
이 밤도 창가에 다가와 꺼내보는 하얀 눈썹달

고향에 남아있는 벗들
모두들 평안하다고
웃음으로 마음에 전해주는 하얀 눈썹달

갈대밭

순천만
질펵 마룻줄 갯내 비린
70만평 갯벌에
젊기 전에 늙은 은색 머리 갈대밭

솔솔 불어오는
콘트라베이스의 순후한 음률에
순백의 드레스 군무의 왈츠

찰싹
밀려와 부스러지는 얇은 파도에 발목 담그고
은색 머리 쪽쪄 하늘 흰 구름에 사래질하며

품속에 뭇새의 보금자리 일구고
칠게 방게 논게 짱뚱어 망둥이 천혜의 낙원
아침이면 해가 뜨고
저녁이면 달이 뜨는
장경한 순천만 갈대밭

아!

장관이어라!

순천만 70만평 갈대밭

눈 내리는 밤

흰눈이 펑펑 쏟아지는 밤
나는 눈을 맞으며 걷는다
지나온 발자국은 눈에 묻히고
외로움은 더욱 눈 속에 묻어 온다

모든 것 다 잃고
센티멘털(sentimental)한 애드벌룬(adballoon)이
부풀어……

그날도 함박눈이 내리고
대지는 은색으로 평화를 그리고
내 가슴엔 행복한 빨간 능금이
주렁주렁 열렸었지……

눈 내리는 추억의 밤
이대로 찍어 가도
아침이 되면 어두웠던 창에
밝은 빛이 찾아 들겠지?

눈 내리는 밤
하염없이 발도장 찍으며……

박 도 영의 시와 산문

박도영 약력

- 1937년 전라남도 진도 출생
- KBS 제1회 전국 주부 백일장 당선
- 2008년 미국 이주
- 2012년 워싱턴 창작문학회 회원

■ 산문

모자

나는 모자가 많다. 젊어서는 남편이 사주고 나이 들면서는 자식들이 사준다. 큰딸은 실용적인 모자를, 며늘아기는 점잖은 모자를, 막내딸은 기웃기웃 살펴 요령껏 필요에 의한 것을 재치 있게 골라 사준다.

정장차림에 모자를 쓰면 몸도 마음도 생각까지도 가지런해지고 단정해짐을 느낀다.

주일 예배드릴 때 왠지 더 경건한 마음이 되어 기도와 찬양을 하게 된다. 간밤 부족한 수면에 꾸벅꾸벅 졸음의 유혹도 거뜬히 물리치고 목사님의 말씀 또한 가슴 깊이 새겨짐을 알 수가 있다. 이렇게 약간의 긴장을 주는 모자이기에 더욱 애용하게 되는지도 모르겠다.

이번 생일에도 며늘아기가 모자를 사 보내주었다. 갖고 있는 것들 중 가장 우아하고 고급스럽다. 색상, 디자인도 멋있고 단아하고 품격까지 갖추어져 있다. 마치 영국 여왕이나 왕세자빈 같은 황실의 여인들이 쓰는 것과 비슷하다. 이런 모자를 과연 어떻게 내가 쓸 수가 있을까? 걱정 아닌 걱정을 하게 됐다.

"이 모자는 아무나 써서는 안 될 것 같다."

내 말에 아들은 재미있다는 듯이

"그러니까 엄마한테 보낸 거죠. 완이가 사고 제가 예쁘게 포장한 겁니다." 한다.

한잔했는지 말이 어눌하고 보시시 웃음기까지 섞여 있어 어릴 때 장난치던 귀여운 모습이 잠깐 스쳐 지나갔다. 그 즐거운 듯한 웃음 속엔 아련한 그리움이 묻어있음을 느낀다. 태평양을 건너 내 가슴에 다가온 그 그리움을 내 그리워하는 깊은 가슴 속에 가득히 담았다.

오랜만에 때때옷 해 입혀놓고 어린 자식 바라보는 행복한 옛 부모들의 마음처럼 내 자식들도 우아한 여왕이나 아름다운 공주로 변신한 어미의 모습을 상상하면서 즐거워하는지도 모르겠다.

"어머니! 교회에 가실 때 예쁘게 쓰세요. 교회에 갈 때는 모자를 많이들 쓰잖아요!"

며늘아기는 망설여하는 내게 이렇게 용기를 준다.

"어머 공주 같애요!"

주보를 주면서 어느 집사님이 깜짝 놀라듯 한마디 한다.

백설공주는 이렇게 늙질 않았는데(어릴 때 백설공주가 제일 좋았다) 나는 멋쩍게 웃었다. 동류가 없다는 것은 가끔씩 외로움을 느끼게 한다.

이렇게 모자를 애용하게 되면서부터 지난날을 돌이켜 볼 때가 있다. 결혼하고 한 달쯤 됐을까? 피부가 하얗고 갸름한 얼굴에 미인인 손아래 시누이가 어느 날 그 길고 탐스런 삼단 같은 머리를 잘라버렸다. 퇴근하고 들어온 오빠는 동생을 보자마자 불같은 화를 버럭 냈다. 얼마나 놀랬는지 아마 성냥을 갖다 댔으면 온 집안이 불바다가 됐으리

라. 남편의 긴 머리 사랑은 오랫동안 나를 옭아매었다.

"이런 머리 어디 또 있는지 찾아보지!"

내 불평에 어느 날부터 하나 둘 모자를 사주기 시작했다. 긴 머리를 모자 속에 감추어버리니 갑자기 세련되고 멋있는 신여성이 된 것이다(친구들의 말이다). 연탄불에 물을 데워 머리를 감아야 할 때마다 그 고역은 말할 수가 없었지만 워낙 순종(?)형이라 불평 한마디 안하고 착하게(?) 살았다.

막내 결혼시키고 나는 머리를 잘라버렸다.

"까짓 것 할 일 다 했겠다 이혼 하면 하는 거지."

"뭐, 머리 때문에 이혼을 해?"

친구들이 막 웃었다.

수십 년 보물처럼 보존했던 머리가 없어졌는데 본체만체다. 그 허탈감이란 말할 수가 없었다. 요즈음 들어 알게 됐지만 그런 사랑은 유효기간이 있단다. 나 홀로 모르고 산 것이다.

머리를 자르고 보니 이건 더 보통 일이 아니다. 정기적인 미장원 출입이 머리 무겁고 귀찮아지기 시작했다. 내 민감한 체질은 파마약에 머리가 아프고 탁한 실내공기에 호흡곤란이 왔다. 염색약은 내 눈을 괴롭혔다. 생각 끝에 가위를 사 스스로 자르기 시작했다. 공식석상에 나갈 일이 있나, 화려한 파티에 참석할 일이 있나, 깨끗하고 편하면 됐지 싶었다.

"아니, 앞머리는 거울보고 자른다 치지만 도대체 뒷머릴 어떻게 잘라? 아무튼 별난 사람은 별난 사람이야."

농장 일 마치고 땀범벅이 되어 들어온 남편이 한마디 한다.

"그래요. 나 별난 사람인줄 이제 알았어유? 별난 남자 만나 살다보니 별난 사람 됐수다."

피식 웃으며 샤워장으로 들어간다.

그런데 정장을 할 때가 곤란했다. 짧고 품위 없는 내 머리, 내가 보기에도 민망했다. 자식들 또한 난감했으리라. 내가 나를 매사 챙기질 못하니 자식들이 고생이다. 자식들이 내 머리에 모자를 씌워주면서 나는 간단하고 편하게 나들이를 하게 된 것이다.

내가 갖고 있는 모자 중 특별히 마음 쓰이는 모자가 하나 있다. 큰딸이 영국 유학을 마치고 돌아오면서 사온 밍크 모자다. 지구 온난화로 기후가 변하자 따뜻해진 겨울은 밍크가 환영받지 못하게 되었고 내 모자도 오랫동안 잠만 자고 있을 수밖에 없다. 옷장 정리를 계절 따라 할 때마다 꺼내 가만히 만져본다. 임무수행(?)을 안한다고 천덕꾸러기 취급은 절대 않는다. 모자 탓이 아니기 때문이다.

집안 도움 받지 않고 장학금을 받아 유학해 여유가 없었으련만 얼마나 절약 했으면… 싶어 볼 때마다 가슴 한쪽이 시려온다. 간식거리 한 번 맘 놓고 사 먹질 못했을 걸 알기 때문이다.

딸을 보듯 딸을 쓰다듬듯 각별한 사랑이 쏟아진다. 내 살아생전 쓸 기회가 주어지지 않는다 하더라도 나는 아쉬워하지 않으리라. 가끔씩 보고 틈틈이 손질하면서 딸을 생각하는 것 또한 외롭지 않고 행복한 일이 아닌가. 그럴 때마다 머리는 물론 온몸과 마음까지 포근해지고 따뜻해지니 내 모자 사랑은 여러 면으로 내 황혼녘 삶에 활기를 준다.

또한 신선한 자극제가 되기도 하니 모자를 쓸 수 있도록 동기부여를 해준 남편(이제는 늙어 영감이라 칭해야 하나?)이 고맙고 이 나이에 멋있다는 말도 심심치 않게 듣게 되니 그것 또한 즐거운(?) 일이다.

조각품을 다루듯 이 어미를 챙겨 늘 마음들을 쓰는 자식들에게 다시 한 번 깊은 사랑을 보내며 이 글을 마친다.

주기도문

추석을 앞둔 어느 날이었다.

나는 여느 날과 다름없이 이른 아침 아파트 뒷산 산책길에 나섰다. 그날따라 많은 안개가 끼어 있었다. 매일 다니던 길이라 발걸음은 익숙했지만 시야가 좁고 답답해 기분이 상쾌하질 않았다. 이런 날은 일행이 있어 도란도란 얘기라도 하면서 걸었으면 싶었다.

체력이 서로 다르다 보니 함께 걷는다는 것이 여간 불편한 게 아니다. 그러다 보니 혼자 산행을 하게 됐는데 오늘따라 사람이 그리워진다. '돌아갈까?' 조금 지나면 걷히겠지. 나선 김에 그냥 걷기로 했다.

챙 넓은 모자를 깊게 눌러쓰고 발밑에 시선을 둔 채 주기도문을 외우면서 걷기 시작했다. 좁고 험한 내리막길이라 조심하지 않으면 미끄러지기 일쑤다. 얼마를 갔을까. 갑자기 두 다리가 내 앞을 막았다. 땅에서 3~40cm정도 붕 떠 길을 막고 있는 게 아닌가.

'아니 이 좁은 길에서 왠 운동?'

나뭇가지 부러지면 어쩌려고. 중얼거리는데 아무 반응이 없다. 고개를 들어 쳐다보았다. 순간 내 머리 속이 텅 비워지면서 예수님 닮았다는 생각이 들었고 나도 모르게 마음이 경건해졌다. 한쪽으로 비스듬히 기울어진 고개, 깨끗한 얼굴, 자비롭고 평화로운 표정까지도 똑같다는 생각이 들었다. 그러다 문득 살아있을까 싶어 바지를 잡고 흔들어 보려다 축 처진 팔다리, 미동이 전혀 없다는 생각이 들어 그만두었다.

앞으로 계속 가자니 청년을 옆으로 밀쳐야 하겠기에 그냥 돌아섰다. 계속 걷는다는 것이 청년에게 미안한 생각이 들기도 했다. 청년을 뒤로하고 한발 한발 천천히 오르막길을 힘들게 걸었다.

무슨 고통이 있길래 좀 더 참아보지 않고, 조금만 더 견뎌보지 않고, 고향에 계신 부모님은 어쩌라고, 금쪽같은 젊음이 있는데 희망을 놓지 말았어야지. 죽긴 왜 죽냐. 바보 같은 사람아. 이 불쌍한 사람아…….

하나님 아버지 용서하소서. 저 가여운 영혼 거두어주소서. 그의 영혼을 위해 기도하기 시작했다.

천근만근 우울해진 발걸음으로 집에 돌아와 곧 수화기를 들었다.

"녜녜 위치 알겠습니다. 감사합니다. 곧 가겠습니다."

수화기를 놓자 맥이 확 풀리기 시작했다.

'내가 지금 무슨 꿈을 꾼건가?'

'그 끔찍한 현장을 보았구나!'

점점 무서운 생각이 들기 시작하면서 오싹오싹 오한이 나고 온몸이 덜덜 떨리기 시작했다. 그러다 가슴이 뛰기 시작하고 나도 모르게 눈물이 흐르기 시작했다. 순간 두 무릎을 마룻바닥에 꿇고 두 손 꼬옥 모아 통성으로 감사 기도를 드리기 시작했다.

하나님 아버지! 감사합니다.

성령님 감사합니다. 감사합니다.

시간이 얼마나 지났을까. 눈물도 멈추고 가슴은 평온해졌다. 마치 비바람 그친 뒤 맑고 환한 햇빛이 구름 사이로 찬란하게 비치듯 그렇게 내 영혼에 충만된 기쁨이 피어오르기 시작했다.

하늘에 계신 우리 아버지
이름이 거룩히 여기시옵고
나라에 임하옵시며
뜻이 하늘에 이룬 것 같이
땅에서도 이루어지이다
오늘날 우리에게 죄 지은 자
용서하였듯이 우릴
용서하여 주시옵고……

오랫동안 꼬옥 맞잡은 두 손을 풀지 않고 주기도문을 외우고 또 외웠다.

애인(愛人)

나는 애인이 네 명이나 있다.

첫째 애인은 인연이 짧았던가. 정 들자 헤어져 많은 눈물을 흘리면서 긴 시간을 보내왔고, 둘째 애인은 내가 혈압으로 쓰러진 얼마 후 만나 애틋하고 가슴 저린 사랑을 쏟으면서 지냈지만 그 또한 일 년 남짓밖에 기쁨을 누릴 수 없었다. 그리고 셋째 애인은 머얼리서 바라만 볼 수밖에 없는 처지가 되어 지금까지도 그 애인을 볼 때마다 다 하지 못한 사랑 한스럽게 남아 있다. 마지막 네 번째 내 애인, 그러니까 현재의 애인이다.

"세상에 남편이 이렇게 좋으면 큰일 나겠네. 살림이고 뭐고 그저 하루 종일 곁에 앉아 바라만 보고 싶으니."

"큰일 났네, 이 사람."

한바탕 유쾌하게 웃는 여인(?)들의 얼굴엔 너나없이 행복의 주름살이 깊게 파인다.

어느 모임에서 자기 소개하는 시간이었다.

"저는 한국에서 온지 얼마 되지 않았습니다. 옷 몇 벌 가지고 와 몇

개월 있다 가려니 했는데 느닷없이 애인이 생겨 발목이 잡혔습니다."

내 말이 끝나기도 전에 이곳저곳에서 수런수런하는 기색이 들렸다. 그도 그럴 것이 머리 허연 할머니가 애인이 생겼다니 어찌 놀라지 않으리. 나는 말을 이어 나갔다.

"내 사랑하는 애인은 내년 이월이면 두 돌이 됩니다."

채 말이 끝나기도 전에 웃음소리가 들렸다.

생명은 참으로 신비로운 것, 경이로움 그 자체였다.

"만약 인생이 경이로 가득 차 있지 않다면 인생은 살만한 가치가 없으리라."

에머슨의 일기 한 토막을 음미해 보며 내게 주어진 이 늦은 황혼녘의 행운, 감사하지 않을 수 없다.

점차 자라면서 보여주는 천사의 재롱은 세파에 시달리는 어른들에게 커다란 기쁨이요 에너지원이었다. 허리를 펼 수 없다가도 맥이 없어 눕고 싶다가도 아기가 울면 벌떡 일어난다. 어디서 갑자기 그런 힘이 솟는지 통증은 어디로 사라지는지 나는 아기를 안고 어르며 노래를 불러준다. 그러다 살랑살랑 나비처럼 가볍게 춤도 춘다.

노추가 되어가는 내 주름진 얼굴에 흐뭇하게 피어나는 미소는 분명 해바라기처럼 환하게 밝았으리라. 하루하루 삶이 기쁨이요 보람이었다. 힘찬 의욕으로 나이도 잊은 채 씻기고 입히고 먹이고 얘기하고 놀면서 보내는 순간순간이 행복 그 자체였다.

"엄마 안 된다니까요. 아기랑 쓰러지고 싶어요?"

병약한 나는 전과(?)가 있다 보니 큰소리칠 수는 없고 막무가내로 보따리를 들고 눌러앉아 버렸다.

"눈치 보면서 손주 봐주는 할미 나 말고 또 있을까?"

"그러니까 시니어센터에 등록해 놨으니 이제는 엄마 인생 찾아 취미 생활도 하시고 그러시라니까요."

나는 딸들의 눈총(?)을 받아야 했다.

옛날 얘기 들려주고 함께 책 읽고 노래하고 춤추고 꽃 보고 구름 보고 떴다떴다 비행기 보고 둥근 달 쳐다보며 풀벌레 소리 듣고 반딧불 쫓아 이리 뛰고 저리 뛰는 내 손주와 할미. 이 기쁨보다 더한 게 무엇이란 말이냐? 엄마 사슴 아빠 사슴 아기 사슴 한가롭게 풀을 뜯는 밀림 같은 숲속에서 졸졸 흐르는 물을 바라보며 할미랑 손주는 이렇게 마냥 즐겁기만 하는데…….

두 돌이 지나 학교(?) 가는 첫날이었다.

텅 비어버린 집안 공기, 견딜 수 없는 공허감, 허전함에 휩싸여 눈물까지 찔끔찔끔 안정을 찾지 못하고 서성이던 나는 소파에 펄썩 주저앉고 말았다.

멍하니 창밖을 오래오래 바라보았다. 한 잎 두 잎 떨어지는 낙엽들, 유난히도 고운 옥빛 하늘, 아름다운 계절은 가고 있었고 뭔가 많이 그리워지는 날이었다.

아무것도 손에 잡히지 않았다. 무엇을 해야 할지 생각도 나지 않았다. 나는 사랑하는 애인을 누군가에게 빼앗긴 심정이 되어 괴로워하는 것이다.

사랑이 소유가 아님을 잘 알면서도 그 어느 곳에도, 그 무엇에도 집착의 끈을 놓자, 놓아버리자고 수도 없이 자신을 다그쳐 왔는데……. 달이 차면 기울고 새가 둥지를 떠나는 것 자연의 섭리가 아니던가?

사랑이 아무리 괴롭고 아파도 남은 여생 더욱 더 많은 사랑 하리라.

"아무도 사랑하지 않고 있어 보라. 사랑은 소멸하고 말 것이다."

톨스토이의 말이 문득 생각났다.

"할머니! 나 학교에서 한 번도 안 울었어요~오."

차에서 내리자마자 내 품으로 뛰어든다.

"그랬어요~오. 잘 했어요~오. 우리 손주 장해요~오."

"할아버지야! 밥 먹어라."

어느 분의 서글픈 경험담을 명심해 존댓말을 가르쳤더니 말끝마다 요~오를 강조한다.

건강하고 영특하고 편식도 안 하고 행복하게 잘 자라고 있는 내 귀엽고 사랑스런 손주는 희망이란 아름다운 열매를 보람이란 바구니에 담아 할미 가슴에 안겨준다.

"많이 사랑해요~오. 하늘만큼."

나는 네 번째 내 애인을 오랫동안 꼬옥 안아 주었다.

아름다운 공유(共有)

지금 생각해 보면 농경사회를 경험했다는 것이 얼마나 큰 축복이었는지 모릅니다. 경쟁이 심한 산업사회와 달리 서로 협동하고 나누어 살아가는 농경사회의 공유의 삶. 그 정서는 아름다운 낭만을 지니고 있었습니다. 그러한 내 유년의 풍부한 기억들은 정신없이 바쁘게 돌아가는 이 시대에 많은 위안을 주곤 합니다. 그 찬란하고 아름다운 시절은 다신 없고 보니 나이 들수록 더욱더 그리워지는가 봅니다.

여학교 입학하고 첫 여름방학이었습니다. 외가에 가려면 4시간 배를 타야 합니다. 선창에 내려서 십여 리(4km)를 가다보면 산천이 얼마나 수려하고 아름다운지 모릅니다. 다른 곳과 달리 온통 산이 소나무 숲입니다. 인심도 좋고 가는 곳마다 예향의 멋이 흐릅니다. 두서너 명만 모여도 노래 가락에 장단을 맞추고 여기저기 논밭에서는 흰 수건을 쓴 아낙들이 밭을 매면서 노래를 부릅니다. 구성지기도 하고 때로는 구슬프게도 들립니다. 그런가 하면 어느새 흥겨운 타령으로 가락이 바뀌기도 합니다. 가까이 다가가면 길손을 향한 노랫말이라는 것을 알 수 있습니다.

“저기 가는 저 처자 무슨 복이 많아
백옥 같은 교복 입고 여학교를 다니나
아리아리랑 스리스리랑 아라리가 났네에에 아리랑
응응응 아라리가 났네”
“어여쁜 저 처자 어서어서 자라서
멋진 신랑 만나서 행복하게 살게나
아리아리랑 스리스리랑 아라리가 났네에에 아리랑
응응응 아라리가 났네”

진도 아리랑입니다.

길손을 향한 노랫말에서는 한 사람이 선창을 하고 후렴은 다 같이 부릅니다. 지나가는 길손에 맞춰 즉흥적으로 노랫말은 바뀝니다.

저기 가는 저 총각 내 말 좀 들어 보소
무슨 볼 일 그리 많아 바쁜 걸음 가시오
이웃 마을 고운 아씨 맞선 보러 가시는가 아리아리랑…….

그들은 점점 흥이 살아나고 신명이 납니다. 리듬은 빨라지고 어느 순간 모두 일어서서 원을 만듭니다. 호미 든 채 덩실덩실 춤을 추며 밭은 순식간에 대 공연장이 됩니다. 즉흥 작사는 내가 멀어져 갈 때까지 이어지고 나는 고갯마루에 서서 숨을 돌리고 돌아봅니다. 언제 그랬나 싶게 일렬로 쭈그리고 앉아 열심히 풀을 매고 있습니다.

‘이 더위에 풀을 매면서 무엇이 즐거워 노래하고 춤을 출까?’

한참을 생각하지만 알 수가 없었습니다. 힘든 노동을 하면서도 한마음이 되어 노래하고 춤출 수 있는 정서는 행복한 공유의 삶이 있기 때문일 거라 생각해 봅니다.

나는 노랫가락을 중얼거려보면서 그들의 따뜻하고 포근한 정을 느끼고 참 흐뭇했습니다. 그리고 나도 콧노래를 부릅니다.

길손에게 주는 축복, 자신들의 고달픈 삶 속에서도 희망을 잃지 않는 아름다운 공유의 삶.

그 따뜻하고 멋있는 정서, 그곳 그 노랫가락, 다시 한 번 가보고 다시 한 번 듣고 싶은 그 노래.

몹시 그립습니다.

물 한 모금

날씨가 쾌청한 날이었다. 언제부터인가 파란 하늘, 흰 구름이 보이질 않고 잿빛으로 뿌옇게 뒤덮여 있는 날이 많다 보니 오늘 같은 날을 만나면 아이처럼 신나고 좋아하게 된다.

산행을 하기로 했다. 가까운 뒷산으로 향했다. 주말도 아닌데 벌써 많은 사람들이 오르고 있었다. 삼삼오오 모여 걸으면서 무엇이 그리도 재미있는지 여기저기서 웃음소리가 들린다.

저만치서 일곱 살쯤 되어 보이는 사내아이가 엄마랑 재잘거리며 온다. 나와 앞서거니 뒤서거니 하면서 내 주위를 맴돈다. 한참을 가다가 그 아인 엄마랑 물에 발을 담그고 바위에 걸터앉는다. 등에는 자그마한 가방을 멨다. 나는 아이가 귀여워 머리 한 번 쓰다듬어 주었고 몇 마디하고서 손을 흔들며 오르기 시작했다.

한참을 걷자 이마에 땀이 맺히고 거친 숨이 차올랐다. 중간중간 제자리에 서서 숨을 돌린다. 주저앉아 편히 쉬다 보면 더 힘들어지기 때문이다. 목이 마르기 시작했다.

"내 정신 좀 봐, 물통을 놓고 왔네."

참을 수밖에. 지나가는 사람 붙들고 물 좀 주소, 할 순 없지 않은가.

산은 역시 크나 작으나 정상에 올라야 제 맛이 난다. 오르고 내리는 과정 또한 즐겁고 의미 있는 일이긴 하지만 힘들게 오르고 난 다음 느끼는 그 시원한 바람은 무어라 형용할 수 없는 성취감을 갖게 한다.

땀이 식고 오랜만에 깨끗한 산소를 맘껏 들이 쉰 내 폐활량은 무한대로 늘어난다. 숨을 고르다 보면 마음 또한 조용히 가라앉는다. 작은 가슴에 상처로 크게 우울했던 것들이 슬며시 사라지고 도량 넓고 관대해지면서 사랑 넘치는 여인(?)으로 변모한다. 자연이 주는 치유의 능력은 참으로 고맙고 위대하다.

내리막길. 포근하고 아늑한 숲 속, 나도 흐르는 물에 발을 담가 본다. 지나간 것들이 어제인 양 아련하게 떠오른다.

"뼈를 깎는 고통까지도 지나간 것들을 나는 추억으로 간직한다."

라고 말한 어느 분의 글이 생각난다.

뒤돌아보는 모든 것들은 다 아름답다는 말이 이제 실감이 되는 나이가 나도 되었다.

아까 그 아이가 내게 다가온다. 졸랑졸랑 뛰면서……. 아마 이 숲속 어딘가에서 돗자리 깔아놓고 엄마랑 함께 동화책이라도 읽으면서 쉬고 놀다가 내려오며 나를 보고 온 모양이다.

"엄마는?"

"저기요."

조금 머언 발치에 서서 나와 아이를 보면서 미소 짓고 있다. 아이와 도란도란 내 어릴 적 얘길 해 주었다.

"옛날에는 이렇게 산에서 흐르는 물을 그냥 손으로 떠서 마셨단다."

"와! 좋았겠다."

"눈사람 만들다가 눈사람도 먹고."

"신났겠다."

"눈사람 먹어서는 안 돼지……."

"비는 요?"

"비? 물론 빗물도 먹었지."

나는 두 손으로 물을 떴다가 주르륵 내렸다가 하다가

'이런 물 지금도 먹을 수 있다면 얼마나 좋을까?'

혼잣말처럼 중얼거렸다.

"할머니 목마르세요?"

아마도 내가 물을 보면서 떠먹고 싶어 하는 기색이 보였던 모양이다. 영특한 아이다.

"으응, 할머니가 깜빡 물통을 놓고 왔단다."

말이 떨어지자마자 메고 있던 작은 가방에서 아주 조그마한 물병을 꺼내 내게 준다. 괜찮다고 해도 기어이 뚜껑을 열고 코앞에 갖다 댄다. 한 모금쯤 남겨진 물이었다.

"너는 어떡할래? 할머니가 다 마셔버리면?"

"엄마한테 물 또 있어요."

저만치서 엄마가 나를 보면서 고개를 살짝 숙인다. 나는 얼른 한 눈을 꽉, 감았다가 떴다. 그 한 모금의 물을 한숨에 꿀꺽 삼켰다. 일부러 두 눈을 크게 뜨고서. 아이가 재밌어 웃는다. 아이 엄마도 나도 웃었다.

지혜로워 보이는 엄마와 귀엽고 영특한 아이를 뒤로 하고 나는 그 자리를 떴다. 사랑의 물 한 모금 마시고…….

■ 시

아름다운 노래

만추의 서릿발 길목
낙엽이 쌓입니다
물과 바람과 세월이 같이 지나가고
오래 살다보면
태어남과 죽음이 슬픔과 기쁨이
하나임을 아는 것을……

내 마음자리 아직도
내가 나를 흔들어
잔잔했던 가슴에 사념이 헝클어질 때면
노년의 나른함이라 자문자답해 보지만
꽃 향은 온데간데 없어지고
세상 안개 속에 묻힙니다

고요한 마음
고운 넋을 간직하고 싶은데
하늘이 주는 깊은 사랑
내 가슴으로 넘칠 때 비로소
나는
아름다운 노래 부를 수 있으리

보은의 군무

- 시골 농장에서

마음 추울 때
흙 만지면
슬며시 기쁨이 따뜻해지고
장맛비 기다리는 메마른
땅처럼 마음
가라앉을 때
볕살 받으면
가득하여라 은혜의 향기

어디서 날아왔을까
이름 모를 새 떼
수십 그루 중 한 그루
고스란히 남긴
까치밥 때문일까
옥빛 하늘 높고
대자연의 코러스
보은의 군무인가 장관일세

알았다 그래
내가 고맙구나
내년엔 더 많이 남겨 놓으마
호미 든 손 흔들고
산 너머 골짜기로 사라지는
산새 떼
흐르는 감빛 노을 아름다워라
자연의 소중함이여

그대는 빛이라오

– 장애인들의 예배실에서

그대
꽃빛 마음
풀빛 순수로
혼돈의 가슴에 청옥
물결 같은 주님
사랑
잠겨 옵니다

그대
두 손 모아 기도하는
천사의 미소
상실의 허무
긴 한숨들을 초록빛
평화 은총의
강으로 흐르게 합니다

그대
기쁨으로 찬양하는
물빛 영혼
은혜 감사 순종 겸손
한아름 안고
주님의 긍휼하심을 송축하고픈
빛이라오
그대는……

이산의 아픔

- 김선 씨의 시(詩)를 읽고

욕심 없는 빈 몸으로
파아란 하늘을 보다가
먹장같은 서러움에
흐르는 눈물
남모르는 사연 긴 세월
필사적인 생존에
연연하느라
삶이 세상에 존재한다는 것도
생각할 겨를이 없었습니다

쓰린 상실의 고통
머언 허공으로 날려보며
오싹한 한기
옷깃 여며도
늪지나 응달진 생의 그림자
온몸 바들거려 떨어야 했습니다

서늘하게 식어버린
단절의 황무지
수액 흐르는 젖줄 묶이고
오랜 그리움에 떠는 나목
혹한의 계절 앞에서도
싱그러운 신록 다시
꿈꾸어 봅니다

내 노년

내
가난한
사랑의 가슴에
썰물되어 흐르는
소중한 인연들
잡히지 않는 뿌연
안개 되어 노을빛으로
사위어지네

참혹한 결핍을
꾹
눌러
그대 안을 수 있는
눈빛 찾아
잊혀져 가는 시간의 무늬들을
곱게곱게
수놓아 보네

세월의 강물
그윽히 흐르고
뜬구름같은
서글픈 이별
나는
영혼
편안히 깃들
자유와 고요를 찾네

손 지 언의 시와 풍시조

손지언 약력

- 평북 영변 출생
- 서울사대 · NOVA 대학 수료
- 『조선문학』에 시로 등단
- 한국문인협회 · 국제펜한국본부 · 조선문학문인회 · 미주한국시문학회 회원
- 시집에 『하란이 필 무렵』, 『물방울이 되고 싶다』, 『노을의 속삭임에 빠져버린 여자』가 있다.
- 1964년 한국일보 신춘문예 동화가 당선
- 1998년 평통주최 통일수기 최우수상
- 2001년 광주여대 시조로 여성문학상
- 2006년 조선문학 작품상 수상
- 2008년 해외문학 대상 수상
- 2009년 미주문예동우회 회장
- 2012년 워싱턴 창작문학회 회원

■ 시

목련을 바라보며

싱그러운 5월이 오면
어김없이 하얀 촛불 켜 들고
파란 하늘 우러러 묵념하는 목련
이윽고 소스라치게 피어오르는
순백의 결정이 성스럽다

모진 엄동설한에도 흐트러지지 않는
몸가짐 기어이 상록으로 버티다가
그리움 싣고 오는 봄빛이 출렁이면
환하게 그 모습 떠오르는 꽃의 왕후
순백의 꽃송이

사계절 묵묵히 호위병으로 서서
때를 기다리던 순애보 사랑
만점 순수 간직한 무구(無垢)의 꽃

오염 물든 이 세상 보상하러 왔는가
백의의 천사 그대 바라보는
생명들 시나브로 가슴 환히 씻기우리

인생살이 머나먼 길

어지러운 인생살이
언덕 넘어 행여나 숨어있을
싹 하나 주으려고
나 홀로 산책한다

거니는 산책길
참회하듯 묵묵히 내안의
나와 밀어를 속삭이며
행복의 늪 눈여겨본다

아무도 엿들을 수 없는 밀어
나 자신을 보듬고
머무는 순간이 영원이듯
내 가슴에 서린다

갈등의 동물인 우리들
주어진 희로애락 고이 보듬고
인생길에 만난 스승 고이 모셔
장수의 길 가리라

외로움에 침잠하며 그리움에
열병 앓는 얄궂은 인간상
희로애락 보듬고 사는 것이
주어진 인간의 숙명인가
가슴 깊이 되새긴다

호숫가의 산책길에서

홀로 걷는 산책길엔
나 자신의 여왕으로
군림한다

아무도 건드릴 수 없는
절대적인 자유가 팽배한
나만의 길

속된 나날 멀리하고
시 속에 파묻히는 공간에서
한사코 싹트는 순수어린
수정알

잠시 잃었던 나 자신
뒤돌아보며 참회도 하고
희망의 싹 건져내어
새 사람의 탄생을 노래하고
위안의 호숫가에 던지는
허름한 영상의 편린들

이끼 낀 고갯마루에 앉아

나도 몰래 앉아버린
이끼 낀 고갯마루
하늘에서 내리신 특권
내 것이라고 오만으로 살아온
나의 인생 항로

소식도 없이 쌓여버린
하얀 눈송이를 하염없이
바라보는 야속한 세월의
흐름

속고 속이는 기나긴 인생
행로에서 빗나간 오만이 부추겨
제멋에 겨워 흥얼거리며
인생항로 산보하듯 거닐어 온
세월 아쉽다
"앞서가는 후회는 없다"

오라꼬 오바마 · 1

외로운 오바마 연초 연설에서 열연을 통해
공화당과 공존을 호소한다
급하면 적도 친구로 달래야 할판이라니

오라꼬 오바마 · 2

오락가락 눈사태에 벌벌 떠는 시민들
설상가상 하늘의 징계에 움츠린 민심들도 함께
얼어붙는 요즈음 세상 무겁다

오라꼬 오바마 · 3

선전포고도 없이 치르는 전쟁 속에
하늘의 뜻만 점쳐보는
인류의 앞길을 어느 누가 알리요?

오라꼬 오바마 · 4

새파란 오바마 젊음의 패기 미끼로 웅변으로 호소하는
연초의 기조연설, 금전의 빽이 든든한
공화당 미소로 박수치니, 긍정일까? 부정일까?

오라꼬 오바마 · 5

젊은 대통령 아니꼽다 생각 말고 열띤 연설 들어주고
민주당 어깨 짐 덜어주어
세계평화 도와줌은 인류의 커다란 과제다

오라꼬 오바마 · 6

부자나라 혜택 받으려고 온 세계서 몰려든 민족들
잊었던 감사 다시 살려
진정한 국민 됨이 어떠리

오라꼬 오바마·7

이기주의 팽배한 세상이 빙하보다 차갑다
옛 선조들 베풀던 인정 살리어
따뜻한 세상 이루어봄이 어떠할지?

오라꼬 오바마·8

하늘에서 값없이 내리는 눈은 축복의 상징이다
침묵으로 감사하고
하늘의 참뜻 가슴속에 깊이 새겨야지

오라꼬 오바마 · 9

하늘도 말없이 우는 세상, 눈물 잃은 세상사람
본보기로 흘리는 차가운 눈물, 깨어나라 만물아!
이성 잃은 세계가 정신을 차릴까?

오라꼬 오바마 · 10

형설의 밤은 깊어 눈 위에 쓰고 싶은 순수의 시
한자락 읊어볼까, 하늬바람도 덩달아 읊어보는
새 세상, 열린 세상

이 은 애의 산문

이은애 약력

- 미주 한인재단 워싱턴(KAF-GW) 회장
- 킹스팍(K.P.U) 대학 교수
- 맥클린 한국학교 교장
- 워싱턴문인회 회원, 칼럼니스트
- 제6회 윤동주 해외신인상 수상
- 워싱턴 창작문인회 회원
- 저서에 『한국 국정교과서 참고도서 정통 대입가정』, 『핵심 대입가정』, 『가정학 세미나와 새 가정』, 『가사 세미나 외 새 가정 대입문제집』이 있다.

역사는 소나무처럼 자란다

1세기가 넘게 살아온 미주한인의 역사는 어떠한 모습을 간직하고 있을까? 척박한 야산에서도 구부러진 모양이기는 하지만 4계절 내내 푸르름을 내뿜으며 씩씩하게 자라고 있는 한국 소나무가 아닐까 생각해 본다.

아주 오래 전의 일이다. 새 집으로 이사 오면서 한 그루의 소나무를 작은 정원에 심었다. 처음 몇 년 동안은 물도 주고, 가지치기도 하면서 정성을 들였으나 시간이 지나면서 그냥 자연의 일부가 되어버렸다.

언제나 거기에 그런 모습으로 서 있었기 때문이었을까? 드나드는 사람들의 면면이 같아 그들에게조차 새로운 자랑거리가 되지 못했기 때문이었을까?

그렇게 잊혀졌던 그 나무가 다시 나의 관심권으로 등장한 것은 처음 나의 집을 방문한 한국으로부터 온 손님에 의해서였다.

"낯선 미국 땅에 사시다 보니 한국의 자연이 소중하게 느껴지시나 봅니다. 사실 저도 반가운 걸요."

예상 밖의 대화에 화들짝 놀라 뒤돌아보니 그 방문객은 내게는 이미 잊혀졌던 그 소나무의 가지를 만지작거리고 있었다.

이날 이후로 이 소나무는 다시 나의 관심권으로 들어왔고, 이제는 나와 내 집을 이야기할 때 항상 등장하는 주인공이자 역사가 되어버렸다.

나는 역사란 바로 이런 것이 아닐까 생각해 본다. 나와 내 가족, 이웃들의 삶을 반추해내고, 함께 이야기를 만들어가는, 시간의 흐름이라는 수평적 공간이동을 그 어떤 사건이라는 행위들의 축에 엮어내는 그런 작업이라고.

『아메리카로 가는 길』을 쓴 파란 눈의 웨인 패터슨 박사는 하와이 한인이민 1세, 그들 삶의 애환과 승리를 그린 글에서 '구한말의 한인들에게 하와이는 과연 어떤 나라였을까? 풍부한 과일과 많은 음식과 옷이 나무에 걸려 있어서 따기만 하면 되고, 모든 것이 풍요로워 걱정할 것이 없는 땅, 심지어 미국의 땅은 황금으로 포장되어 있는 것으로 믿었다. 그러나 막상 와보니 하와이 농장의 현실은 그렇지 않았다. 언제나 먹을 것이 부족했으며, 농장의 노예 같은 노동에 시달려야 했었다. 그들은 그런 환경에서 벗어나기 위해 안간힘을 썼다. 마침내 사탕수수 농장을 떠나 와이하와에 있는 파인애플 농장으로 더 높은 임금을 따라 나서기도 했으며, 하와이의 수도 호놀룰루로 모여들어 강인한 생활력과 노동력을 바탕으로 한인들은 제1, 2차 세계대전을 전후로 하와이에 주둔하게 된 군인들을 상대로 세탁업과 옷 수선, 구두 수선 등으로 많은 돈을 벌었다. 그리고 조직적으로 일본 식민주의를 반대하는 독립운동과 민족운동을 펴 나갔다.'

하와이 사탕수수 농장 이민으로 시작된 미주한인 이민역사를 한 편의 드라마처럼 그린 그의 책은, 잊혀졌던 나의 집 정원에 서 있는 그 소나무를 역사가 되게 한 방문자처럼 나를 부끄럽게 만들고 있다.

나도 잊고 산 우리의 이야기 아니, 나의 이야기를 담담히 그려내는 파란 눈의 작가 앞에서 말이다.

바쁜 이민 삶 사느라 한 그루의 소나무도 심을 겨를이 없었던 사람들, 설령 심었다 하더라도 나처럼 잊고 사는 사람들과 함께 이미 훌쩍 커버린 그 소나무의 이야기를 함께 나누고 싶은 것이다.

역사란 그리 거창한 주제이거나 사가(史家)의 것만은 아니다. 함께 나눌 수 있는 이야기, 지나온 시간 살아온 선조들의 삶을 반추하며 교훈을 얻을 수 있는 기록이거나 그 수평적 시간들의 흐름과 사건들이 하나의 축에 그려진 아니 그려져 가고 있는 진행형이라고 하는 것이 옳을지도 모른다.

미주한인들이 미국 땅에 발을 내디딘 그 100년이 되는 2005년에 미국의회를 통해 매년 1월 13일을 '한인의 날'로 선포한 지도 벌써 몇 년이 지났다. 내 집 정원에 심어진 그 소나무처럼 누군가 그 이름을 불러주기 전까지 잊혀져갈지 모른다는 두려움이 앞선다. 훗날, 내가 이 세상을 떠날 때 '나는 자랑스러운 한인 이민 1세, 2세'라고 이야기할 때 당신은 무엇을 이야기할 것인가. 웨인 패터슨 박사처럼 지난날을 그려낼 이야깃거리가 필요하지 않겠는가.

"매년 열리는 '미주한인의날' 기념행사에 참석해서 이민 선배들의 이야기를 듣고, 잊혀졌던 우리 문화를 맛보곤 했었지……" 하는 추억거리, 잊혀진 소나무를 역사가 되게 하는 깨움이었다고 말이다.

아니 미주한인은 누구든지 미국이라는 낯선 땅에서 할렘의 야채장수

이든 더러워진 옷을 깨끗하게 세탁하는 드라이클리너이든 된장찌개를 끓이는 식당이든 어떠한 모습의 삶을 엮어가면서 꼬불탕한 모양이나마 그래도 꿋꿋하게 자라고 있는 소나무의 이민역사를 써가고 있는 것이 아니겠는가?

보릿고개

새로 거른 막걸리 젖빛처럼 뿌옇고
큰 사발에 보리밥, 높기가 한 자로세
밥 먹자 도리깨 잡고 마당에 나서니
검게 탄 두 어깨 햇볕 받아 번쩍이네
옹헤야 소리 내며 발맞추어 두드리니
삽시간에 보리 낟알 온 마당에 가득하네
주고받는 노랫가락 점점 높아지는데
보이느니 지붕 위에 보리 티끌뿐이로다
그 기색 살펴보니 즐겁기 짝이 없어
마음이 몸의 노예 되지 않았네
낙원이 먼 곳에 있는 게 아닌데
무엇하러 벼슬길에 헤매고 있으리오

다산(茶山) 정약용의 『보리타작(打麥行)』은 농민들이 보리타작을 하는 현장이 사실적으로 묘사되어 있는 한시(漢詩)이다. 농민들이 보리타작이라는 공동 작업에 몰두하는 모습을 통해, 노동이야말로 참으로 즐거운 삶이요 건강한 삶임을 말해준다. 육체와 정신이 통일된 농민들의 건강한 모습이 진정한 삶의 표상임을 제시하고 있다. 그러면서 '마음이 몸의 노예가 되지 않았네'와 '무엇하러 벼슬길에 헤매고 있으리오'와 같은 부분을 통해서는, 마음이 몸의 노예가 되어 벼슬길에서 헤매며 시달렸던 작자 자신의 삶을 반성하기도 한다.

다산은 주로 사회제도의 모순이나 백성들의 삶의 고뇌 등을 작품의 주제로 삼았다. 그러나 이 작품은 오히려 건강한 농민의 모습을 예찬함으로써 그런 경향에서 벗어난 듯 하지만 나라와 백성에 대한 애정을 담고 있다는 점에서는 그의 일반적인 주제의식과 부합한다고 할 수 있다. 우리는 이 시를 통해서 조선 후기 성장하는 평민들의 모습을 손에 잡히는 듯이 느낄 수 있으며, 새롭고 가치 있는 삶을 평민들의 현실세계에서 찾고자 한 당시 진보적 지식인의 경향을 엿볼 수 있다.

추운 겨울 동안 눈 속에서 생명력을 발하는 보리는 바로 우리 한민족의 강인한 심성을 대표한다. 특히 보리는 춘궁기(春窮期)라는 '보릿고개'를 넘는 백의민족의 애환을 달래는 조련사의 역할을 해주었다는 점에서 우리들의 잊을 수 없는 추억의 한자락을 차지한다.

"풀꾹, 풀꾹, 푸풀꾹, 풀꾹" 어디서인가 뻐꾹새가 애절한 목태움으로 울고 있었다. 강파른 보릿고개를 이기지 못하고 죽은 어린 자식들을 뒤따라 죽은 한 과부의 넋이 이 산골 저 산골, 자식들을 찾아 헤매며 우는 목쉰 울음이라고도 했다. 너무 울어 목에서 피를 토하고, 그래서 목쉰 그 피울음은 보릿고개 속 아리는 밤마다 지칠 줄을 몰라 뻐꾹새는 사월이 다 가도록 섧고 섧게 울었다.

아침이면 산골짜기마다 안개가 짙게 드리워지고, 햇발이 퍼지면서 안개가 스러져가는 골짜기에는 어제 없던 진달래꽃이 활짝 웃고 있곤 했다. 실비가 건 듯 스쳐가고, 가랑비가 사운거리며 한식경씩 내리고, 이슬비가 함초롬히 솔잎을 적시다 가면 산 빛의 초록은 그 다양한 색감을 자랑하듯 아래서부터 위로 물결쳐 올랐다. 그 봄 물결에 실려 진달래꽃도 산등성이를 타올랐다.

비가 한차례씩 스쳐갈 때마다 풀이란 풀, 나무란 나무는 환성을 지르듯 푸른 기지개를 켜며 우쭐거려 일어서고, 골짜기를 흐르는 물소리는 차츰 맑고 크게 도란거리고, 햇발은 솜이불인 양 나날이 포근하고 두터워져갔다. 사월은 산골짜기마다에 부풀대로 부풀다 못해 끝내는 터져 낭자하게 물감 칠하는 초록의 봄을 현란하고 화사하게 펼쳐놓고 있었다.

나는 봄을 맞이할 때마다, 우리 민족의 운명과 같았던 그 '보릿고개'가 문득 떠오른다. 우리 한인 이민자들이 축복의 땅 미국에서 살고, 또 우리의 조국이 '한강의 기적'을 구가하며 경제 대국의 반열에 올랐지만, 아직도 이 지구상의 많은 지역에서 수천만의 인구가 아직도 그 보릿고개를 힘겹게 넘고 있는 참담한 현실 앞에 가슴이 아려온다.

최근의 유엔 소식통에 의하면 빈곤국 질병퇴치 사업을 벌이는 국제단체 '글로벌펀드'는 말라리아, 에이즈, 결핵 등을 예방하고 치료하는데 필요한 재원 조달에 어려움을 겪고 있다. 글로벌펀드의 고문인 스코트필러 박사는 "빈곤은 단순히 기아의 고통을 유발하는데 그치지 않고 말라리아, 폐병, AIDS 등의 질병을 확산한다"고 밝히고 "불행하게도 빈곤은 빈곤의 악순환을 벗어나지 못한다. 선진국은 빈곤국의 개발을 도와야 할 책임과 도덕적 의무가 있다"고 강조했다.

보리는 북풍한설에서도 얼어 죽지 않은 강인함이 있다. 보리의 역할은 춘궁기와 같은 어려운 시기에 우리의 삶을 이어주는 연결고리의 역할을 해준다는 점에서, 우리 한인사회에서도 보리처럼 자신을 드러내지 않고 우리 민족의 전통적 가치를 이민 1세가 차세대에 연결해주는 미덕을 보여주고, 이 같은 미덕을 통해 후계자를 키워주는 아름다운 전통이 이어지기를 기원한다.

오해(誤解)

"여기 가신들에게 제사를 드리는 곳인가요?"

"아니, 태양을 경배하는 곳이에요. 저기 서 있는 높은 돌이 태양을 향하고 있잖아요? 이제 곧 태양은 저 바위 위로 솟아오를 거예요."

바로 그때에 에인젤은 먼 동북쪽 하늘에서 한줄기의 여명이 떠오르는 것을 볼 수 있었다. 한동안 하늘을 덮고 있던 먹구름이 걷히면서 저 멀리 땅끝에서부터 먼동이 터오고 있었다. 이윽고 그를 등지고 우뚝 서 있던 일석주(一石柱)와 삼석탑(三石塔)의 검은 윤곽이 서서히 그 모습을 드러내기 시작했다.

동쪽 돌기둥의 처마 도리는 햇볕을 등지고 시꺼멓게 서 있었고, 그 건너에는 불꽃 모양의 거대한 태양석이 보였고, 그 중간쯤에 제단석이 나타났다. 이윽고 밤바람이 자고 들에 패인 컵과 같이 오목한 곳에 고인 조그만 물웅덩이의 잔물결도 잠잠해졌다.

동시에 동쪽의 움푹 내려간 계곡의 가장자리에 한 개의 점이 계속 움직이는 것 같았다. 그러나 그건 태양석 건너의 계곡에서 그들에게 다가오고 있는 사람의 모습이었다.

그의 등 뒤에서도 뭔가 나는 소리가 들렸다. 돌아다보니까 엎드린 기둥 위에 또 하나의 그림자가 있었다. 그리고서 그가 미처 알아차리기도 전에 오른쪽 삼석탑 밑에 또 하나의 사람 모습이 나타났다.

토마스 하디의『더버빌가(家)의 테스』의 주인공 테스가 불가항력의 운명의 희롱 때문에 살인을 저지르고 에인젤과 함께 도망을 치다가 그녀를 잡으려고 추적해온 사람들에게 붙잡혀 사랑하는 에인젤과 헤어지는 마지막 장면이다. 비극의 주인공인 테스의 이야기에는 19세기의 물질주의와 재래의 기독교적 신념을 거부한 작가 토마스 하디의 인간에 대한 깊은 연민이 담겨있다.

이 소설의 주인공 테스와 에인젤이 최후의 작별을 한 곳이 영국 남부웨스트에 이미스베리 지역의 바람이 세찬 황무지에 세워진, 태고(太古)의 비밀을 안고 5천년 동안 말없이 서 있는 스톤헨지였다.

이들이 비극을 자초한 이유는 바로 오해였다. 순결지상주의의 기독교적 맹신이 초래한 오해, 그리고 이 오해가 초래한 비극적 운명의 희롱이 문학작품의 플롯으로 애용되고 있는 것 또한 하나의 아이러니이면서도 문학적 구도로 정착된 사실을 부정할 수 없을 것 같다.

영국 요크 지역의 황량한 들판에서 펼쳐진 에밀브론테『폭풍의 언덕』의 주인공 히스클리프의 캐서린에 대한 처절한 사랑의 복수극, 고금동서의 최고작가로 손꼽히는 셰익스피어의『로미오와 줄리엣』역시 오해가 잉태한 비극이 주제를 이루고 있다.

벽장에 숨어있던 히스클리프가 넬리에게 쏟아놓던 캐서린의 고백을 중간에 도망치지 않고 끝까지 경청했더라도 세계 삼대비극이라는 왜곡된 사랑의 복수가 부른 처절한 종말은 예방할 수 있었을 것이다.

이 같은 오해에의 한 비극은 꼭 이들 세계명작의 플롯으로만 끝나지 않는데 그 비극성이 있다.

우리의 일상에서, 특히 우리 이민사회의 척박한 커뮤니케이션의 환경 때문에 치러야할 각종 인과관계의 갈등은 태산준령을 이루고 있는 게 현실이다.

우리의 생활 주변에서 바로 명목만의 코르넬리아에게서 지조 있는 포스티나를, 육체적인 프린에게서 정신적인 루크레시아를 찾으려는 황당한 기대가 초래한 오해, 돌에 맞아 죽을 수밖에 없는 오해에서 여왕이 된 우리아의 아내를 찾을 수는 없을까?

테스를 그녀가 당한 운명의 희롱에서보다 그녀 내면의 의지에서, 그녀가 당한 모욕적인 '과거'에서보다 그녀의 구조적 '의지'를 찾으려는 인간에 대한 연민이 바로 우리 이민사회가 필요로 하는 미덕이 아닐까 생각해 본다.

명교(名教)

얼마 전 아시아 여행을 다녀온 버락 오바마 대통령이 "입에 침이 마르도록" 한국의 교육열에 찬사를 보낸 적이 있다. 정말 한국은 교육열 면에서 세계 으뜸이라는 사실은 아무도 부인하지 못할 것이다. 미국의 이민 한인사회에는 수없이 많은 기러기 어머니들이 이산(離散)의 슬픔과 고통을 겪으며, 자녀의 교육을 위해 인생에서 가장 행복해야 할 청춘의 희생을 감수하고 있다.

바로 한국의 어머니들이 금과옥조로 삼고 있는 맹모삼천(孟母三遷) 때문일 것이다. 중국의 춘추전국 시대 유가학파(儒家學派)의 대가인 맹자(孟子)의 모친은 자녀의 교육에 남다른 열의를 가지고 있어, 맹자의 교육을 위해 세 번이나 이사를 했다는 2천여 년 전의 고사가 오늘 우리 한인 가정의 자녀교육의 모델이 되고 있는 것 또한 놀라운 일이다.

우리의 어린 시절 부모들로부터 배운 가정교육의 대부분은 고사(古事)를 원용하는 경우가 많았다. 우리의 생활 가운데 임기응변보다는 원칙에 충실하는 모범을 보이는 것이 중요한 덕목으로 자녀교육에서 강조되었을 때 역시 춘추시대 제(齊)나라의 환공(桓公)의 예를 들었다.

어느 날 환공이 술에 취해 왕관을 잃어버렸다. 임금이 왕관을 잃어버린 것은 왕도(王道)에 어긋나는 일이었다. 낙심하고 있는 왕을 찾아온 정승 관중(管仲)이 이렇게 진언했다. "나라를 가진 왕으로서 이런 정도는 수치가 되지 않습니다. 당장 선정을 베푸시면 민심을 잡을 수 있습니다."

환공은 관(官)의 곡식 저장 창고를 열어 빈민에게 베푸는 한편, 감옥의 문을 활짝 열어 죄가 가벼운 자들을 풀어주었다. 그런데 백성들은 이 선정(善政)을 어떻게 보았는가? 이 일이 있은 지 사흘 후 백성들 사이에 이런 노래가 번져나갔다. "임금님, 임금님, 다시 한 번 관을 잃어버려 주소서."

나라의 대국(大局)을 보지 않고 소리(小利)를 위해 임기응변하고, 또 개인적 목적을 위해 불가능한 약속을 남발하는 것처럼 어리석은 일은 없다는 교훈을 깨닫게 된다. 한비자(韓非子)는 환공에 대해 "소리(小利)는 살렸지만 대국(大局)을 그르쳤다"고 비판했다.

교육을 중시하는 우리 미주 한인이민 사회가 대국을 위해 소리를 희생하는, 그래서 원칙을 존중하고, 원칙에 충실하는 원칙의 교육이 절실하다는 생각이 들 때가 많다.

원칙은 용기와 결단을 필요로 한다. 선택은 어떤 하나를 포기하겠다는 용기와 어떤 것을 중심 가치로 삼겠다는 결단의 결과이다. 인생은 선택의 연속이기에 포기를 위한 용기와 실행을 위한 결단이 필요한 서바이벌 작전이다.

나는 근래에 한 지인으로부터 "지나치게 원칙주의자인 것 같다. 좀 융통성이 있었으면 좋겠다"는 조언을 들은 적이 있다. 내가 스스로 융통성이 없는 사람이라고 생각하지 않았는데 과연 어떤 면에서 그렇게 보였을까? 원칙과 융통성은 무엇이고 어떻게 구분해야 하는가? 융통성은 원칙에서 약간 벗어나긴 하지만, 그러나 허용할 수 있는 수준일 경우를 지칭하는 용어로 이해하고, 때로는 자기 정당화의 방편으로 쉽게 받아들이는 경우를 자주 본다.

그러나 나는 좀 다른 생각을 가지고 있다. 적용할 원칙이 있다면 무조건 원칙이 우선되어야 한다. 그러나 어떤 사안의 경우 적용해야 할 원칙이 분명하지 않을 때가 있다. 이때 관련 있는 여러 원칙 중 어떤 것을 적용할 것인지에 대한 유연한 판단이 필요한데 이것이 바로 융통성이 아닐까?

요즘 사회적으로 지도자의 반열에 든다고 자부하는 계층에서, 원칙에 어긋나는 일이 벌어지고 있는 혼탁한 사태를 보면서 우리 1세대가 차세대를 위해 추구해야 할 명교(名敎)는 과연 어떤 것일까 하는 화두를 던져본다.

사랑과 효도(孝道)의 방정식

부모를 공경하는 '효' 사상이 강조되는 가정의 달 5월에 일부 한인들이 부모를 학대한 사실이 드러나 우리 재미 이민사회에 큰 충격을 주고 있다. 보도에 따르면 문제의 한인들이 부모를 구타하거나, 노환을 소홀히 해 질병을 더 악화시키는 경우가 많고, 부모들이 매월 정부로부터 받는 웰페어 수당을 빼앗기 위해 폭행을 가하는 경우도 있다.

가정문제 상담기관에 의하면 한인 노인들의 학대 사례는 불경기의 여파로 갈수록 증가 추세를 보이고 있으며, 더욱 심각한 문제는 이 같은 학대를 당한 부모들이 문화적인 차이로 신고를 기피하고 있다는 것이다.

미국에 사는 한인 노인들은 언어장벽에다 교통수단도 없어 마음대로 다니기 어려운 형편이다. 특히 한인 노인들은 이질적 문화의 환경에서 사회제도에 대한 이해부족으로 이민생활에 많은 불편을 겪고 있다. 이처럼 어려움을 겪고 있는 부모들을 구타하고 보조금까지 빼앗는 행위는 중범으로 처벌하는 것이 마땅할 것이다.

우리 한인들은 어느 민족보다도 효 사상이 강한 민족이다. 비록 미국에 살지만 우리가 반드시 지켜야 할 것이 한국 고유의 경로사상이며, 자녀들의 효 사상 교육을 위해서도 연로한 노부모 모시는데 소홀함이 있어서는 안 될 것이다.

공자는 논어에서 '효행인지본(孝行仁之本)' 즉 '효는 인을 행하는 가장 근본'이라고 했다. 부모공경은 구약의 십계명에도 인간이 지켜야할 계명 중 첫 번째 계명이 부모공경이다. 계명 중에 부모공경의 계명이 가장 먼저 나온 것은 부모에 대한 효가 인간관계의 출발이며 가장 중요한 관계임을 의미한다.

효도의 관념은 물론 서양에도 있다. 하지만, 동양에서는 효를 최고의 미덕으로 중요시한다.

공자는 당시의 시대적 혼란을 치유하기 위한 실천윤리로서 오륜을 내세웠고, 효는 그 중의 한 규범이었다. 효는 우주관과 연관에서 그 이유를 찾을 수 있다. 우리는 생명을 비롯, 교육 등 모든 인간적 존재, 그 자체를 부모에게서 받았다. 즉 효는 우주적 섭리에서 인간이 지켜야할 최선의 미덕인 것이다.

이처럼 중요한 부모와 자식 간의 인륜(人倫)이 산업사회로 전환하는 과정에서 전통적 가족제도가 붕괴되고, 물질주의와 개인주의가 팽배하면서 파괴되고 있는 것은 신의 섭리에 대한 역린(逆鱗)이라는 점에서 우리의 반성이 요구된다.

맹자가 일찍이 설파하였듯이 효도는 인의(仁義)의 으뜸가는 모범이며 덕행이며 인도(仁道)는 사랑하는 것인데, 부모는 우리가 이 세상에 태어나는 생명의 은인이며 우리는 모두 부모의 사랑 속에서 자라고 교육을 받아서 비로소 인간으로서 성숙하게 된 것이다. 따라서 부모를 사랑하고 효도하는 것은 의무라기보다는 가장 자연스런 감정이며, 인간으로서 가장 당연한 현상이다.

부모 자식 간에 사랑이 있는 동안은 의무가 아니다. 사랑이 식은 자리를 메우는 것이 의무이다. 그런데 동양은 이 정(情)을 중심으로 사회체계를 세웠기 때문에, 가장 원초적으로 정이 우러나는 부모와 자식 간에 정을 유지하라는 것이다. 부자유친(父子有親)이 무너지면 사회 전체가 무너진다.

중요한 것은 이 같은 사랑의 정점에 효가 있다는 사실이다. 효도는 사랑의 가장 아름다운 표현이 아닌가 생각해 본다.

한미수교 130주년을 기리며

이달 4월이면 우리 민족사에 대 전기를 마련한 한미수교 130주년을 맞는다. 5천년의 장구한 역사에 파란만장한 영고성쇠(榮枯盛衰)를 거듭해온 우리 한민족에게 있어, 특히 재미 한인이민자들에게는, 한미수교가 갖는 의미가 각별하다고 말할 수 있을 것 같다.

대원군의 섭정 하에서 시작된 천주교 박해를 비롯한 쇄국정책이 계속되어 개방이 늦었던 당시 조선왕조는 중국의 이홍장의 거중조정으로 미국과 수교함으로써, 우리의 조국 대한민국은 오늘날 세계 제 10위의 한강의 기적을 성취할 수 있었고, 우리 재미 한인이민자들은 이를 발판으로 한민족의 세계 진출이라는 큰 축복의 도약을 이룰 수 있었기 때문이다.

한미수교는 1882년(고종 19) 당시 조선과 미국이 국교와 통상을 목적으로 체결한 조약에서 출발했다. 1876년 조일수호조약이 체결되자, 미국의 상원의원 아론 사전트(Aron.A.Sargent)가 조선 개항의 필요성을 주장하고 나섰다. 그는 미국에 의한 조선의 개항은 경제적으로는 대(對)아시아 무역팽창정책을 구현할 수 있고, 정치적으로는 러시아의 남진정책을 저지할 수 있으며, 문화적으로는 조선의 개화운동을 도와줄 수 있다고 역설하였다.

당시 청(淸)은 미국을 끌어들여 러시아의 남진과 일본의 조선 침략을 견제하는 '연미론(聯美論)'을 구상하고 있었다. 미국의 해군제독이며 외교관인 로버트 윌슨 슈펠트(R.W.Shufeldt)는 1880년 8월 중국의 천진(天津)을 방문, 북양대신(北洋大臣) 이홍장과 회담을 갖고 중국의 조미수교 권유의 확약을 받았다. 이에 미국정부는 그에게 조미수교를 위한 특별사명을 부여한다.

이에 따라 1882년 3월 슈펠트는 청나라 사신 마건충(馬建忠)·정여창(丁汝昌)과 함께 인천에 들어와 조선 측 전권대관(全權大官) 신헌(申櫶), 부관 김홍집(金弘集)과 4월 4일 역사적인 '조(한)미수호통상조약'을 체결하였다. 전문 14조의 이 조약의 첫머리는 '대선조선국과 아메리카합중국은 두 나라 인민 사이의 영원한 친선우호관계를 수립한다'고 명시되어 있다.

조약 체결에 따라 이듬해인 1883년 5월 초 대미국전권공사 H. 푸트가 입국해서 비준서(批准書)를 교환하고, 조선 정부에서도 같은 해 6월 전권대신 민영익(閔泳翊), 부관 홍영식(洪英植)을 미국에 보냄으로써 양국의 역사적 교류가 시작되었다.

사실 한미수교 이전, 한미 간의 첫 접촉은 1866년(고종 3)에 발생한 제너럴셔먼호 사건과 1871년(고종 8) 미국 함대가 통상조약 체결을 강요하기 위해 강화도를 침범한 신미양요(辛未洋擾) 사건이 있었다. 함포외교에서 시작된 한미수교는 미국의 윌슨 대통령의 민족자결주의에 힘입은 3·1 독립운동, 일본이 시작한 태평양전쟁을 승리로 이끈 미국의 민족해방 지원, 한국전 참전 등 한미 간의 우호관계가 우리 민족의 부흥과 세계적 비상(飛上)에 결정적 요인이 되어왔다.

1903년에 시작된 한인 대미 이민역사도 바로 이 한미수교에서 비롯된 사건이었다는 점에서 우리 미주 한인이민자들은 특히 한미수교의 최대 수혜자들이라고 자부할 수 있을 것이다. 이제 우리는 이민 100년을 뛰어넘어 새로운 100년을 향해 미국 주류사회에서 원대한 이상과 꿈을 실현하기 위해 비상하고 있다.

이곳 미국에서 당당히 자리 잡아가고 있는 우리 재미 한인들은 한민족의 최대의 자산이며 자랑이다. 우리의 조국 한국이 미국의 진정한 파트너로서 세계의 번영을 주도해 나가고 있는 것 또한 우리의 긍지를 한껏 높여주고 있다.

한국과 미국은 교역, 안보, 경제, 민주주의 등에 관한 강한 동맹관계이며 미주 한인들의 주류 진출은 한미 간의 관계를 전례 없이 가까운 파트너로 승화시키고 있다. 또한 코메리칸 1세대들은 델리, 세탁소 등으로 시작했지만 그 다음 세대들은 현재 로펌, 정부기관, 의료계 등 미 주류사회에서 활약을 펼치고 있다.

이때에 우리는 열린 마음으로 타 커뮤니티와 교류하고 주류사회로의 전진을 계속하여 자랑스러운 코메리칸의 위상을 정립할 때가 되었다는 점을 강조하고 싶다.

한미수교 130주년은 이런 우리의 비전을 저 광활한 내일의 지평에 건설하기 위한 전진의 대오를 정비하는 출발점이 되기를 기원해 본다.

새 음주(飮酒) 문화의 모색

신화에 의하면, 에덴을 탈출하여 무료한 나날을 보내고 있는 인간을 측은하게 여긴 바카스 신(神)은 올림포스 산의 주정(酒精, 에탄올)을 하사한다. 이에 활력을 되찾은 우리의 선조는 에덴의 동쪽 티그리스 강안에 도성을 세우고 바벨탑을 쌓고 있다.

알코올은 우리의 일상을 영감의 세계로 안내한다. 그래서 술은 '술(術)'이고 '에스프리(Esprit)'인 것이다. 술을 영어로 'Spirits'라고 하는데, 이것은 술이 인간을 '축제'의 세계로 모시는 초대장이라는 인식에서 나온 표현이라고 믿어진다. 그래서 예수의 첫 이적(異蹟)이 가나의 혼인잔치에서 물로 포도주를 만든 일이었는지도 모른다. 잔치에 이것이 빠지면 마치 풍악 없는 춤사위처럼 무언가 허전하고, 한마디로 흥이 나지 않는다.

한국의 막걸리, 중국의 배갈, 영국의 위스키, 프랑스의 포도주, 독일의 맥주, 러시아의 보드카는 물로, 카리브의 소국 쿠바의 럼주에 이르기까지 세계 대부분의 나라가 고유의 술을 가지고 있다. 그리고 술의 맛과 농도는 민족성과 불가분의 관계를 가진다. 술의 도수와 소비량은 사회적 긴장과 비례하기 때문에 소위 음주문화는 사회학자들의 연구대상이다.

구약 창세기에 소돔과 고모라의 멸망에서 탈출하여 나온 후 어느 날 포도주를 마시고 잠든 롯이 음란한 사건에 빠지는, 술과 연관된 인류 최초의 근친상간 이야기가 나온다. 여기서 태어난 자손이 신의 저주를 받았다고 창세기는 적고 있다. 20세기 후반에 만연하고 있는 불치의 에이즈가 성적 문란에 노한 신이 내린 천벌(天罰)이라는 주장도 따지고 보면 이렇게 역사가 길다.

문예창작의 영감(靈感)을 초혼(招魂)하는 역(役)은 역시 술이다. 세조가 단종에게 내린 사약을 들고 영월을 찾은 금부도사(禁府都事) 왕방연은 한 잔 술에 이렇게 읊고 있다.

천만리 머나먼 길에 고운님 여의옵고
내 마음 둘 데 없어 냇가에 안자시니
저 물도 내 안 같아야 울어 밤길 예놋다

어린 단종의 영원한 이별, 그로 인한 처연한 마음을 극적으로 그린 시다. 이 한 편의 시가에 우리 선조들의 심성이 고스란히 담겨있지 않은가?

이런 신선수(神仙水)에 얼마 전 어느 소주 메이커가 천연감미료이지만, 알코올과 반응하면 독성물질로 변화되는 스테비오사이드를 첨가한 사실이 발각되어 큰 물의를 빚은 적이 있었다. 제정 러시아의 마지막 황제 니콜라스 2세와 모후(母后) 알렉산드르의 총애를 빌미로 무소불

위의 치외법권을 행사하던 괴승(怪僧) 라스프틴을 독살시킬 때 사용된 것이 바로 스테비오사이드 칵테일이었다.

1965년 케네디 이민법 개정안의 발효로 일기 시작한 한인들의 미국 대량유입에 이 한인 특유의 술 문화가 동행한 때문일까? 북미 대도시의 한인 밀집지역은 음주에 관련된 각종 사고의 다발지역으로 악명이 높다.

최근의 보도에 의하면 로스앤젤레스를 비롯, 뉴욕, 워싱턴, 시카고 등의 한인타운에 미국에서는 금기인 동석 서비스를 제공하는 '한국형' 술집들이 늘어나 사회문제로 비화하고 있다. 가뜩이나 마사지 팔러와 관련된 한인 매춘 보도가 미국 매스미디어에 대서특필되고 있는데 이제 한국형 술집 관행이 매춘으로 인식되고 있어 안타깝기 짝이 없다.

오래 전부터 한국은 술 소비량에서 세계 최고의 지위를 차지하고 있다. 통계에 의하면 교통사고 치사사건의 41%, 살인사건의 50%, 자살사건의 30%, 사고사의 30%가 음주에서 비롯되고 있고, 또 놀라운 속도로 증가하고 있는 이민가정 파탄의 주범으로 술이 꼽힌다. 이 외에도 음주는 암, 심장질환, 뇌졸중의 원인이라는 사실이 밝혀졌고, 특히 '홈리스 피플'의 대부분이 알코올 중독자라는 사실은 음주에 대한 경각심을 한층 높여준다.

초대교회 시절에도 과음이 사회문제로 떠올랐던 것 같다. 사도 바울은 AD 60년대에 소아시아의 에베소 교회에 보낸 서신에서 '술 취하지 말라. 이는 방탕한 짓이다'라고 권면하고 있다.

현대의 애주가들도 이 바울의 권면에 귀를 기울였으면 한다.

정 영 희의 시와 산문

유림 정영희 약력

- 1942년 서울 종로구 출생
- 1965년 중앙대학교 약학대학 졸업
- 1966년 서울에서 약국 경영
- 1972년 미국 이주
- 1976년 미 연방 육군병원 근무
- 2009년 미주 문예 동우회 부회장
- 2010년 조선문학 수필 당선
- 2011년 순수문학 시부문 당선
- 2012년 해외문학 시부문 당선
- 2012년 워싱턴 창작문학회 회장
- 2012년 수필집 『사랑과 행복』 출간
- 2012년 조선문학 작품상 수상
- 가사모(가곡을 사랑하는 모임) 회원
- 복음성가 · 호산나 합창단원
- 아여모(아름다운 여인들의 모임) 이사
- 한인재단 이사
- 목련회 · 약사회 회원
- 중앙결혼정보회사 대표

■ 산문

날개 꺾인 기러기

골프장에 가보면 이따금 볼 수 있는 광경이지만 이번에는 몇 번을 보아온 지난번 경험과는 다른 느낌이었다. 다름 아닌 날개 꺾인 기러기 한 마리가 하늘을 향해 날지 못하고 골프를 즐기는 사람들의 눈치만 열심히 살피고 있는 것 같았다. 그 옆에는 다른 한 마리의 기러기가 걷고 있는데, 이놈은 사람의 행동에 그리 신경을 많이 쓰는 것 같지가 않았다. 보아하니 골프공에 얻어맞아 날개가 세 개쯤 부러져 옆으로 튕겨져 나와 있어 날지 못하니, 동료 기러기 한 마리가 옆에서 친구가 되어주고 있는 것 같았다. 어느 문헌에 보니 기러기는 부부애가 어찌나 좋고 우정도 좋은지 떼를 지어 날아가다가 포수의 총에 한 마리가 맞아 떨어지면 몇 마리가 같이 내려와 날 수 없음을 확인을 한 다음에야 가던 길을 계속한다고 한다.

골프장 연못에 모이는 기러기들을 보면 대부분 둘씩 짝을 지어 다닌다. 그래서인지 어느 조류학자는 사람보다 더 의가 좋은 부부애를 가진 것이 기러기라고 한다.

얼마 전 나는『Washington Post』에서「Gireugi」라는 글을 본 기억이 난다. 일 년에 한두 번 가족이 있는 외국으로 날아가 상봉한다고 해서 철새인 이 기러기와 같다고 붙여진 이름이라는 '기러기' 가족. 지금도 우리 주변에는 이 기러기 가족이 많이 살고 있다. 최소한 백년 앞을 내다보시는 분들이시다.

한국의 어머니들은 옛날부터 유난할 정도로 자식 교육에 열정을 보여온 것이 사실이다. 참으로 훌륭하신 분들이라 생각된다. 자기의 청춘, 인생마저도 오직 자식 교육에만 열중하고 자신을 희생하는 그 자세만은 참으로 그 누구도 칭찬을 아낄 수 없다. 우리는 모범적인 어머니로 한석봉의 어머니와 신사임당의 이야기를 많이 들어 알고 있다. 남편의 도움 없이 날품팔이를 하며 한석봉이라는 세기의 명필가를 만들어낸 그의 어머니야말로 눈물겨운 모범 어머니임에 틀림이 없겠으며, 화가요 시인으로 유명했던 율곡 이이의 어머니 사임당은 어찌하였는가? 정난정과 황진이와 비교되면서 같은 한 시대를 풍미했던 여인의 삶 속에서 우리는 어머니의 힘을 찾아볼 수가 있다. 아들과 딸을 모두 화가, 시인으로 길러놓은 사임당은 지금도 존경을 받아 마땅하다고 생각된다. 그런데 지금의 어머니상들과 비교해 보면 어떠할까? 사상과 행동이 많이 변해있음을 우리는 알고 있다. 물질만능, 황금제일주의의 병든 가치관 때문일까? 경쟁주의적 야성 때문일까? 어머니는 어머니인데 시각적 차이를 느끼는 것은 왜일까? 어린아이들의 자제되지 못한 행동, 걸러낼 줄 모르는 언어의 폭력, 선생님이나 연장자에 대한 무감각적 태도, 이런 것들이 다 날개 꺾인 기러기와 다를 것이 무엇일까? 6·25 전쟁이 북침이라고 알고 있는 아이들의 믿음이 선생님만의 잘못일까? 학교 교육에 무디어진 어머니들의 잘못일까? 높은 점수만 따면, 돈만 많이 벌면 된다는 자기도취성 사고가 일궈낸 결과는 아닐는지.

며칠 전 뉴스에서 담배꽁초를 거리에 버리는 청년에게 충고한 한 할머니를 벽돌로 머리를 때려 혼수상태에 빠뜨린 얘기를 접한 적이 있다. 누가 보아도 잘못된 교육의 현장이요, 잘못 인도된 가치관의 표출이 아닐 수 없다. 본인에게는 두 날개가 힘이 되어 하늘로 비상을 할 것 같으나, 다른 사람이 보기에는 꺾인 날개를, 부러진 날개를 가지고 하늘 높이 날아보겠다는 잘못된 철학이요, 무슨 방법으로 날기만 하면 된다는 부모의 오도된 교육의 결과가 가져온 시대적 비극이 아닐 수 없다.

전직 대통령 부인이었던 여인이 청와대 경호실 경호를 못하고 앞으로는 경찰의 경호를 받게 하겠다니, 그것을 거부하고 국회의원들까지 충동하며 청와대의 경호를 받게 해달라는 로비를 벌인 일이 있다고 한다. 현직에서 물러났으면 이미 꺾인 날개요, 더더구나 고인이 되었으면 한쪽 날개마저도 꺾인 날개인 것을 왜 모르고 하늘을 향해 날아보겠다고 추태를 부리는 것일까? 옛날 우리들의 어머님의 마음으로 되돌아갈 수는 없을까? 국민이 한 푼 두 푼 바친 세금으로 경호 대신 사회복지를 위해, 자라나는 아이들을 위해 사용해 달라는 말을 할 수는 없었는가? 어머니의 초심으로 돌아가야 한다. 어머니들을 위한 아이들의 교육이어서는 안 된다.

어떻게 하면 바른 길, 행복의 길로 발자취를 옮겨 놓을까를 생각하는 어머니, 누구의 아들딸이 아닌 그 자신의 이름에 충실할 수 있는 기러기 어머니요, 이민자의 어머니가 되었으면 어떨까? 부모가 되어서야 부모의 은혜를 아는 것이 우리네 인생이 아니던가? 내가 할머니가 되어보니 나의 어머님의 은혜를 알 수 있을 것 같은 느낌, 자식 교육을 위해 세 번이나 이사를 해야 했던 맹자의 어머니, 자식들의 앞날을 그렇게도 걱정을 하면서도 자기 체면이나 자신의 철학만을 전수하려 하지 않은 신사임당. 그 얼마나 현재의 어머니상과 차이가 많은가?

늙으신 어머님을 고향에 두고/외로이 서울 길로 가는 이 마음/머리 돌려 북녘 땅을 한 번 바라보니/흰구름만 저문 산을 날아 내리네.

나이가 들어서도 부모 생각, 부모에게 감사하는, 사랑하는 마음이지, 자식들에게 자기 사상을 주입시켜 보겠다는 사고는 보이지 않는 사임당의 이 한 수의 시는 지금도 많은 어머니들에게 좋은 시가 될 듯하다. 사람이 사람답게 사는 길은 한두 가지가 아니다. 그 중의 하나가 나의 생활철학, 인생관, 행복관, 성공 사상을 자식에게 주입시키려고 강요하는 것이 아니라, 그들만의 것을 찾아서 참된 방향으로 갈 수 있도록 안내해 주는 것이 날개를 꺾이지 않게 해주는 것이 아닐까?

꺾인 날개를 주지 말고 행복의 건강을 주어야 한다. 행복이란 하루아침에 찾아오는 것이 아니다. 우리가 항상 이용하는 자동차를 운전하는 것과 같이 연습을 해야 하고 익혀야 하는 하나의 기술이다. 연습을 많이 할수록, 오래할수록, 조심할수록 느껴지는 감정이요, 익숙해져가는 우리 삶의 습관임을 알 때 꺾이지 않는 날개가 되리라.

디지털 시대에 매뉴얼 사랑

"인간은 얼마나 위대한 작품이냐, 이성은 얼마나 고귀하고, 능력은 얼마나 무한한가, 그 형상과 동작은 얼마나 명확하고 훌륭한가, 행동은 천사와 같고 이해력은 신과 같다. 세계의 미요, 만물의 영장이다."

햄릿 2막 2장에 셰익스피어에 의해 쓰여진 유명한 말이다. 이 말은 셰익스피어의 인간관이기도 하다. 그는 인간을 낙관적이며 아주 긍정적 존재로 보았음에 틀림없고 인간이 발전할 수 있는 앞날까지도 눈으로 보는 듯 꿰뚫고 있었을 것 같다. 인간은 누가 무어라 해도 신의 가장 위대한 작품이며 걸작이다. 한 사람 한 사람 하나님의 뜻에 따라 지어진 작품 임에도 틀림없다. 각기 다른 얼굴, 다른 성격을 가지고 경쟁하며, 사랑하며 살아가는 곳이 현재 우리가 살아가고 있는 이 지구촌이 아닐까? 위대한 작품들이 모여 성실하고 착실한 사고를 하면서 각자의 능력을 발휘해 가며 살아가고 있는 곳이 우리의 주변이요 우리의 삶이다. 사람이 살아간다는 것은 행동을 하고 있다는 것이다. 행동을 한다는 것은 곧 행복을 추구한다는 것이다. 어느 인간이 행복을 거부하겠는가? 오늘도 세계 곳곳 많은 인간들은 자기 행복을 찾아 행동을 한다. 어떤 이는 자기 몸에 폭탄을 두르고 자기 자신은 물론 남들까지 죽임으로 행복을 느끼는 사람이 있는가 하면, 어떤 이는 국민이 열심히 바친 세금을 떼어먹고 행복을 느끼기도 하고, 어떤 이는 남의 가정을 파괴시키며 자신만의 행복을 느끼는 사람이 있나 하면, 어떤 이는 자기를 혹독한 어려움에 넣으면서 남들에게 행복을 전하면서 자기 행복을 찾으려 헤매는 사람도 많다. 행복 추구의 방법은 양의 동서에 따라 조금은 다를 수도 있겠지만 목적은 같다. 하나뿐인 생명을 물질 추구에만, 부모를 통해 받은 생명을 오직 남을 위해 버리려는 행복 추구의 목적은 참으로 비교, 이해하기가 어렵다. 이러한 행복 추구의 목적은 동서고금을 통해 전혀 달라지지가 않을 것 같다. 오직 방법이 좀 달라졌다고 할까? 1800년대 중반 '안토니오 무치가'가 전화기를 처음 발명했을 때 그는 현재의 디지털 시대를 예측했을까?

이 도령과 춘향이를 글로 그려놓은 작가가 근대 이성상을 상상했을까? 본인이 미국으로 이주해 온 이후 40여 년이 지나는 동안 미국 친구들로부터 가장 인상 깊게 자주 들은 '말' 중의 하나가 빨리 빨리라는 말이다. 국적을 묻는 친구에게 한국이라면 제일 먼저 하는 말이 '빨리 빨리'였다. 이국인들에게 비친 빨리 빨리는 그렇게도 이상하게 느껴졌을까? 곰곰이 생각해 보니 우리 한국 민족만큼 빠른 속도로 움직이는 사람들도 없는 것 같다. 모든 것이 빠르다. 거기에 가속도까지 붙어 건잡을 수 없이 빨라지는 것이 현실이다. 그러다 보니 인간관계마저 디지털화 되어가고 있는 느낌이다. 특히 순수하고 투명해야 할

남녀관계마저도 빨리 빨리인 것 같다. 남녀가 만나면 말 몇 마디 해보고서는 그 사람의 전체를 다 아는 양, 평을 하는 사람이 있나 하면, 만나자마자 모텔로 향하는 청춘남녀도 많다고 들었다. 아카데미상을 두 번이나 수상한 엘리자베스 테일러 같은 여자는 공식 결혼만 여덟 번을 했다고 한다. 언뜻 보기에는 정말 화려하고 아름답고 행복한 여자의 일생인 것 같다. 정녕 그녀의 일생은 '행복' 그 자체였을까? 아무리 세대가 빠르게 지나가고 번개같이 발전하는 디지털 문화라고 하지만 우리의 사랑만은, 우리의 사고와 감정만은 '매뉴얼' 즉 조금은 천천히, 이 도령과 춘향이보다 조금 빠른, 약간 진보된 속도 안에서 조절이 되었으면 한다. 나는 자주 어린 손자들에게 최신 디지털 기기들을 잘 사주는 편이다. 그러나 한편으로는 천천히 문화를 뿌리 깊게 훈련도 빠지지 않게 시킨다. 사랑의 감정은 천둥, 번개를 치며 폭우로 다가와서는 안 된다. 은혜를 느껴보는 여유 있는 사랑, 우정을 흠모하게 하는 사랑을 할 수는 없을까? 이렇게 한 장 한 장 손으로 쓰여지는 영원불변의 사랑의 씨앗이 아닐까, 은혜나 우정은 누구에게나 삶에 대한 의무요, 이행해야 할 책임이기에 변질될 수 없는 순금과도 같은 것이기 때문이다. 일시적인 감정은 잠깐 누르고, 디지털의 빠름도 조금은 접어두고 한 페이지 한 페이지 내 손으로 넘겨보는 시대의 흐름을 생각하며 잠깐씩이라도 시간을 내어 명상의 시간을 가져보자. 나는 50년이 넘게 지난 지금도 대학 2학년 시절, 말은 느리지만 행동과 머리 돌림은 그리 느리지 않았던 남자친구를 지금도 생각한다. 천천히 그러면서도 확신을 가지고 침착하게 한 걸음 한 발자국씩 다가오던 그 모습이 일생을 두고 잊혀지지 않는다.

며느리의 남편

인간과 동물의 차이는 너무나 크고 그 종류도 다양하다. 그 중 근본적 특색의 하나가 어린아이의 양육기간이 동물과 비교가 되지 않을 정도로 길다는 것이다. 양육기간이 길다는 것은 앞으로의 상호관계 역시 길어지리라는 뜻이기도 하다.

양의 동서를 막론하고 차이는 좀 있지만 딸보다는 아들을 선호하는 마음은 비슷한 것 같다. 동양인들은 유별나리만큼 아들 선호사상이 머릿속 깊이 각인되어 아들을 낳지 못하면 남편들은 아예 마누라를 하나 더 얻어 들이거나, 어디 가서 어떻게든 아들 하나를 만들어 와야 자기 집안이 명맥을 이어져가고(최근에는 많이 달라졌지만) 자신의 피가 후대에까지 이어져가는 것으로 알고 있었기에 남자들한테는 여자 하나쯤 더 얻어 와도 별 흉이 아니었으며 아내한테는 아들을 낳지 못하는 것이 큰 죄로 여겨져 왔다. 아들을 낳지 못하는 여자는 죄인이라서 자기 의사표현도 제대로 못하고 항상 그늘에서 살아가야만 하는 처절한 신세였던 시절도 있었다. 그런데 사실은 아들을 낳지 못하는 이유가 지금처럼 남편에게 책임이 있다는 의학적인 증명이 있었다면 그 결과는 어떻게 되었을까? 지금도 중국 같은 나라에서는 딸을 낳으면 가져다 버리는 습관이 만연하고 있다고 하니 참으로 황당한 노릇이다. 아들을 낳아 자기 피를 이어보자는 욕망! 이 욕망은 생의 가장 기초적인 욕망이며, 가장 남성적인 바람이기에 여자의 그것과 바꿀 수가 없어 어쩔 수 없이 이어지는 편견이기도 하다. 인간은 남녀를 불문하고 태어나면서부터 생존권, 자유권, 평등권을 신으로부터 받아 가지고 세상에 나와서, 내가 여기에 이렇게 나왔노라! 하며 두 주먹 불끈 쥐고 세상에 온 힘을 다해 외쳐본다. 그때의 엄마로서의 자부심은 어떠했는가? 대부분의 여성들은 산고의 고통을 느껴본다. 아이의 이 울음소리에 입술이 찍찍 갈라지던 고통은 사라지고 그저 새 생명의 탄생에 기뻐 어쩔 줄을 모른다. '그것이 아들이든 딸이든.' 한 생명이 나의 배 속에서 태어났다는 현실만으로도 신기하고 기쁜 일인데 이 생명이 사내아이라면 이 신비가 장시간 이어지지만 만일 여자아이라면 별 것 아닌 것으로 취급되기도 한다. 몇 년 전 하버드대학교의 여자 총장님의 말이 생각난다. 남자의 머리는 보편적으로 수학과 과학적인 면에서 여자보다 월등하다는 말을 한 일이 있다. 조금은 혼란스러운 말로 들리기는 했지만 세계적인 석학의 지론이니 믿을 수밖에……. 그 후 몇몇 학자가 공동으로 팔백여만 명의 남녀 학생들을 대상으로 연구한 결과 그 말은 전혀 근거가 없는 사실로 증명이 되어 이 총장님의 입장이 아주 난처해진 일이 있었다. 자기도 여자이면서 여자 편협적 발언을, 그것도 학자가 되어 제대로 연구조차 해보지도 않고 세상을 놀라게 했으니 참으로 놀라운 일이었다. 사람이 생활하며 살아가는 동안 가장 중요한 것 중 하나가 사물을 편견없이 직시하느냐? 편견을 가지고 보느냐? 하는 것이다. 사물을 정면에서 보는 것과 조금 옆에서 보는 것과는 시각적인 차이가 많을 수가 있다. '딸과 아들', 내 자식이라는 면에서는 다른 점을 찾을 수가 없다. 다만 결혼을 시켜놓고 보니 딸은 성이 달라졌고 아들은 그대로 같은 성을 사용한다는 것 외에는 다른 점이 없다. 내면적인 관점에서 보면 딸과는 소통이 좀 되는 편이나, 아들과는 다르다는 것이다. 아들과의 소통은 며느리라는 중간체가 끼어 있어 무슨 말을 하고 싶어도 눈치가 보아진다. 저희들끼리 상의해서 잘 헤쳐 나가게 내버려두라는 남편의 말에 기가 죽어버린다. 결혼을 시킨 아들은 그 순간부터 더 이상 내 아들이 아니다. 그저 며느리의 남편으로 생각하며 살아가면 세상이 다 조용하고 편할 텐데! 왜? 구태여 아들, 아들하며 힘들게 살아가려고 하는지? 하는 남편의 말에 동의를 하니 마음이 참으로 편한데……, 마음에 갈등이 찾아오면 잔잔한 호수를 생각한다. 호수와 같은 평온한 마음으로 생각하다 보면 모든 것이 평화롭고 바른 상념에 잠기게 된다. 그러다 보면 바른 말이 나오고 이것들이 모여지면 행복으로의 길로 이어주니 큰 나무가 되어 그늘을 주는 흐뭇한 마음, 이것이 행복인가보다. 사랑과 믿음을 마음속에 공존시키고 있다는 엄마의 본성을 읽을 수 있는 자식이었으면 하는 바람, 엄마의 모습은 어떠한 경우에도 좌절과 분노에서 끝이 아니라 여기에서 한발 더 나아가 이것들을 욕망으로 바꾸어 놓고 엄마로서의 당당함을 보여주었으면 한다. 아들이라 믿었는데 하는 원망어린 한탄을 하기 전에, 부모의 모습은 무엇일까? 하고 고민해 보자. 아들이 성공의 가도를 힘차게 달리고 있다 해서, 남들보다 한발 앞서간다 해서, 부모의 목에 힘이 들어갈 필요도 없거니와 현 수입이 자식들만 못하다 해서 쫄릴 필요도 없다. 앞만 바라보며 쉬어갈 수 있는 그늘이 되어 사랑의 눈으로 보고 싶다. 인간은 늙으나 젊으나 사랑받기를 원한다. 부모의 사랑, 어떠한 부모의 사랑을 보여줄까? 수단으로 사랑을 할 것인가? 목적으로 사랑을 할 것인가? 본능과 이성이 잘 조합된 관계를 유지시키는데 초점을 맞추어 노력해 보는 것이 며느리의 남편과 좋은 관계를 유지하는 지름길이 아닐까?

"순"아 금강산 가자

"… 봉래산 제일봉에 낙락장송 되야이셔……"

그렇게도 아름답다는 금강산을 뒤로하고 엄마의 손에 잡혀 피로하여 눈을 감으면서도 걸어서 남으로 남으로 끌리어 온 지 몇 년을 지나서였는지. 너는 이 시를 국어시간에 배우면서도 두고 온 고향을 그리워해본 일이 있다고 했지. 아무것도 모르고 뛰어놀고 있는 나를 그렇게 혹독하게 야단을 치면서 살기 위해 끌리어서 온 곳이 서울이었고, 그렇게 어렵게 찾아온 곳에서도 나를 반겨준 사람은 단 한 사람도 없는 외로운 거리, 배고픔은 여전했고 내 또래의 방황하는 모습의 흐름도 다를 바가 없고, 부모님들의 걱정이나 바쁨은 더욱 심해진 것 같은데, 여기가 우리가 살아가야 할 땅이라고 하니 그저 그런가 보다 하고 살아왔다고 했나.

그 어린 나이에도 남한테 져서는 안 되겠다는 마음가짐으로 열심히 공부하여 중학교, 고등학교를 장학금으로 마치고서는 학교라는 배움의 터전과는 연을 끊고 생활전선으로 뛰어들어야만 했기에 많은 친구들을 부러워 해본 일도 있었으나 쓸쓸한 내 모습을 보고 있을 때는 너는 이미 집안의 생활비 일부를 감당해야 하는 처지였다고 했지.

곰곰이 지난 몇 년을 생각해 보니 나 자신이 택해서 이곳까지 밀려와 이런 생활을 하고 있는 것이 나의 운명이기 이전에 잘못된 어른들의 사상 싸움의 결과라는 생각을 하니 분해서 견딜 수가 없었다고. 저희들의 권력다툼 때문에, 이념 싸움 때문에 버려진 내 인생은 어디에서 보상을 받아야 된단 말인가, 하고 생각하며 손발에서 땀이 날 정도였다고. 더구나 내 인생의 가장 이른 시기에 공산당이라는 무지막지한 이념 때문에 떠밀려 살아온 것을 생각하면 억울하고 분한 마음은 어찌할 수 없었으나, 그러나 어쩌겠나, 지금까지의 것들을 거울삼아 앞으로는 방향을 잘 잡아 나머지 인생을 잘 살아보자고 마음먹고 열심히 살다가 부자의 나라 미국에 가면 이곳보다 낫겠지? 하고 미국으로 날아왔으나 철이 좀 들어서였을까? 엄마 손에 끌리어 남쪽으로 내려왔을 때보다는 나았지만 낯설고 물 설은 미국 땅은 역시 호락호락하지 않고 두려움마저 드는 곳이었다고.

아침에 운전하는 거리와 저녁에 집에 돌아오는 길이 분명히 같은 길인데 그 느낌은 전혀 달랐었다고. 그러니 마음에 갈등이 싹이 트고 자신과의 투쟁의식이 솟구치고 있었다고, 자신과의 갈등, 투쟁에서 패하면 나의 인생 전체가 끝이 날 텐데… 하고 마음을 굳건히 하고 나 자신과 갈등이나 투쟁에서 이겨보아야 되겠다고 생각했고 이 싸움에서 이겨야만이 살아남을 수 있고 성공도 할 수 있다고 생각을 했다지?

정말 힘든 싸움이었고 외로운 싸움을 해보겠다고 앞만 바라보고 열심히 살아가고 있을 때 어느 날 갑자기 권총을 얼굴에 겨누며 돈을 내놓으라는 강도님을 만나 가진 것 다 주고 나니 그 허전한 마음 추스르기가 어려웠다고? 산 너머 산이라 했던가. 며칠을 두고 생각해 보니 지금 나는 무엇을 쫓아가며, 무엇을 위해 살고 있으며 무엇 때문에 이렇게 밀려가고 있나? 지금은 이념도 사상도 아닌 황금에 밀려 보이지 않는 이상향을 향해 달리고 있다고 했지.

나와의 싸움에서 이겨보겠다고 진실하게 깨끗하게 양심을 단련시켜 보지만, 현실은 받아주지를 않았다고, 그러던 중 세상에서 그래도 가장 믿었던 가정의 기둥마저 무너지고 나니 갈 곳은, 의지할 곳은 단 한 곳밖에 없더군. 그것은 골고다의 십자가였다고 말했던가? 역시 십자가는 나에게는 최고의 진정제 역할을 해주는데 충분했고 그때부터 투쟁이 아닌 달램으로 방향 전환을 했지. 인생은 '고해'라고 하는 종교도 있지만 그래도 고해만은 아닌 느낌이 오기에 행복하게, 잘 살아보자고 마음먹고 열심히 노력해 보았다.

너는 자주 행복이란 어디에 가면, 어떻게 하면 찾아낼 수가 있을까? 하고 말한 적이 있지. 그러다가 최근에 너는 말했어. 행복이란 용기 있는 사람들에게 가져다주는 월계관이라고. 행복이란 자유가 수반 되야 하고, 자유는 용기로써 얻어진다는 진리를 깨우쳤다는 말에 나는 전적으로 동의하며 행복해야 잘 살 수 있다는 너의 말에도 이의가 없다. 잘 산다는 것은 바로 살아가는 것이며 아름답게 살아가는 삶을 지칭하기에 행복의 요건이 된다고 너는 설득력 있는 말을 했지.

행복을 찾아 헤매는 동안 어디선가 찾아온 불치의 병이 너를 떠밀고 있다고? 처음에는 많이 당황을 했으나 점점 마음의 평정을 되찾고 있다니 반가운 마음이지만 너의 말대로 어려서는 뜻도 알 수 없는 사상에 밀리고, 젊어서는 황금에 밀리고, 나이가 들어 행복을 추구하려니 이번에는 병마에게 떠밀려 이렇게 끝을 맺으려니 조금은 서운한 마음이 있다고 했나?

친구야! 나는 믿는다. 너의 길지도 않은 인생, 열심히 살고 잘 살아왔으니, 십자가의 보혈이 너를 반드시 치료시켜 주시리라고. 오늘도 나는 진심으로 기도해 본다. 깨끗함 받아 네가 그렇게도 가보고 싶어 하는 봉래산 제일봉에 올라가 우리의 우정바위 위에 새겨놓고 우리는 이렇게 험한 길을 걸어오면서도 행복하게 살았노라 외치고 돌아오자.

어떤 마지막 인내

우리가 살고 있는 세상은 항상 즐거움만이 있는 것도 아니고 그렇다고 슬픔만이 있는 것도 아니며, 공정함만이 존재하는 것도 아니고 불공정만이 판을 치는 세상은 더더욱 아니다. 또한 사람들에게는 주어진 운명에만 매달리어 살아가고 있는 것 같지도 않다. 그것이 절대운명이라면 어찌할 수 없겠으나 상대운명이라면 우리 인간의 노력으로 얼마든지 바꾸어가며 살아갈 수가 있지 않을까? 절대운명이란 신이 우리 인간에게 주신 절대 불변의 운명으로 태어날 때부터 가지고 태어난 운명이요, 상대운명이란 인간의 결단과 노력으로 제어해 나갈 수 있는 운명을 말한다. 우리들의 운명이란 대부분 후자를 얘기하는 듯하다. 결단과 노력, 즉 인내를 하면 바꾸어 놓을 수도 있는 운명을 상대운명이라 한다. 바울 사도에 의하면 '환란은 인내를, 인내는 연단을, 연단은 희망을 낳는다'라고 갈파한 기록이 있다. 결국 인내하지 못하는 자에게는 앞날이 보이지 않고 희망이 없다는 것이 아니겠는가?

나는 삼십 년을 넘게 사귀어온 같은 전문분야의 친구 한 사람의 마지막 인내를 보았다. 거의 같은 시기에 이곳으로 이주를 한 가정으로 열심히 노력을 한 결과로 경제적으로 안정된 생활을 유지하며 살아가는 가정이었는데 그 친구에게는 남편에 대한 고민 하나가 있었다. 남편이 사업을 한답시고 이틀이 멀다하고 새벽 한두 시가 되어서 집에 돌아와서는 잠을 자고 있는 자기를 꼭 깨워서 해장국을 요구한다는 것이다. 그것도 혼자도 아닌 두세 명의 친구와 같이 들어와 큰 소리를 지르며, 그야말로 왕 노릇을 하는 것이었단다. 조금만 자기의 눈치가 다르면 같이 온 친구들 앞에서 별의 별 쌍소리를 해가며 오직 자기중심적 생활을 계속했다는 것이었다. 참으로 많은 생각을 해보았으나 어린아이가 둘이나 있으니 자신만의 안위를 위해 경솔한 행동을 할 수가 없어 이를 악물고 살아오다가 아이들 둘을 다 결혼을 시키고는 갑자기 자취를 감추어버렸다. 몇 달이 지난 후 연락이 되었는데 그리 멀지 않은 곳에서 지금은 아주 마음 편하게 잘 살고 있다는 것이다. 그는 말을 계속했다. 끝까지 참아보려고 노력했지만 자기의 힘으로는 도저히 더 이상 견디기 힘든 한계상황에 도달한 것 같아 독한 마음먹고 결심을 했다는 변명(?)이었다. 한계상황에서의 상대적 운명에 대한 도전이었을까?

'운명이란 강한 자에게는 약하고 약한 자에게는 강하다'고 키케로가 말했던가? 운명은(상대적 운명) 우리 인간의 의지 즉 인내심, 용서심만 있으면 바꾸어 놓을 수도 있는 것이 아니던가! 노력하고, 용서하고 인내하는 자만이 가져볼 수 있는 승리의 행복감, 이 행복을 가진 자라야 진정한 강자가 아닐까?

우리의 선조들은 참으로 많은 노력으로 인내를 하며 생활을 유지해 오신 분들이시다. 세 번을 참으면 살인도 면할 수 있다고들 하지만 나는 백 번을 참으면 가정에 행복이 올 수 있다고 감히 말할 수 있다. 끝을 드러내지 않는 것이 인내이어야 하겠다. 성경은 사백구십 번이라도 용서하라고 가르친다. 고난과 역경 속에서도 인내의 자리에 우선권을 주어야 한다. 몸이 불편한 자, 마음이 아픈 자, 상처가 있는 자에게 인내의 지팡이를 주어 그 지팡이에서 행복의 꽃이 피게 해주어야 한다. 어떤 역경에서도 행복으로의 길로 향하는 마음의 길을 찾아 달려보는 노력자만이 맛볼 수 있는 성취감! 이것이 행복이라는 것이 아닐까?

나는 어느 성직자 한 분을 깊이 존경하고 있다. 언제 뵈어도 그에게는 절망도, 근심도, 야망도 없는 듯하고 그의 안면에서는 항상 희망의 피가 흐르는 듯싶다. 그를 인도하는 검정색 낡은 지팡이인 한 권의 성경책에는 항상 행복의 꽃이 피어있는 것을 느낀다. 인내의 뿌리는 혹독하리만큼 쓰다고 한다. 그러나 그 열매는 한없이 달다고 한다. 우리는 끝이 없는 인내로 열매의 맛을 보는 것이 우리 생활의 목표가 되어야 되지 않을까?

용서

무거운 짐 양 어깨에 메고
여름, 겨울
칠십여 번을 허리에 감으니
앞을 막는 폭풍우
살을 에이는 눈보라가
수십 길 절벽으로 밀어붙인다
추락 직전 잡아주시는
당신의 손이 있어
오늘도 허공 뒤쪽을 바라보며
무거운 짐 하나쯤 버려도 좋으련만
꼭 부둥켜안고 품어온
삼십삼 년의 삶
당신을 바라봅니다

나의 십자가

맑은 하늘 쳐다보니 푸른 십자가
강물 속을 들여다보니 흰 십자가
눈을 감고 회개하니 불 밝혀 어둠 밀어내는 십자가

내 마음 속에 평안과 위로를 주시는 사랑의 십자가
내 궁핍함을 아시고 늘 채워주시는 감사의 십자가
이 세상 시련과 역경 속에서 항상 지켜주시는 은혜의 십자가

내 갈길 늘 인도하시는 구원의 십자가
기쁨의 구원되시는 영원하신 구세의 십자가
오늘도 무릎 꿇고 기도드리며 십자가를 그어보네

십자가는 나의 좋은 친구 십자가 없인 살 수 없네
십자가의 은혜와 평화를 맛보니 찬송과 기도는 끝이 없네
십자가와 함께 하며 새 생명 얻고 영생을 맛보네

새해 아침에

장엄한 아침 해 동해에 떠오르니
만물은 깨어 기뻐 노래하며 춤을 추고
아침의 나라는 환희의 미소를 짓는다
팔천만의 희망을 가슴에 안고
백두에서 한라까지 명주실로 이어놓고
얼씨구나, 홍 돋구면
조상님들 하늘에서도 춤을 추시리라
검은 구름 하늘을 덮던 날
용왕암에서 뿌려진 피, 낙동강에서 씻으신 손
지금도 한이 남으셨나
한 마리 철새되어 오늘도 날아왔건만
그때 그 물은 어디로 흘렀는가

제주에서 내민 고사리 손 평양에서 잡아
무궁화 방방곡곡 향기도 아름답게
희망을 노래하는 그날을 기다리며
비둘기 합창 소리 같이 듣고 싶어라

스치고 간 사랑

당신 가는 길 바라보다
길가에 주저앉아 눈물 흘리며
한없는 깊은 숨을 쉬었답니다

안녕!
하는 당신의 목소리가 울림이 되기에
오늘도 창 밖에 귀를 기울이며
혹시나 하지만
다른 소리는 없고
그저 안녕만 메아리로 돌아옵니다

좁은 가슴 깊이 큰 당신 모습 새기며
손바닥 맞대고
눈 감고 불러보는 그 이름 당신
내일은 나에게 열어주시겠지

그려보는 그 모습
목련꽃 한 아름 가슴에 안고
그려보는 스쳐간 당신

내 사랑하는 주님이시여

주님이시여!
아침에 오늘 부탁, 저녁에 감사드린
나의 생명 나의 주님이시여
당신이 손짓을 하기에 달려가면 다른 곳에,
당신이 이웃에 가까이에 계시는가 하면
또 다른 가슴속에

이 몸이 하도 추해 가까이 못 뫼시나?
마음에 지은 죄 태산 같아 뫼시지를 못하나?
손 뻗으면 닿을 듯한 거리인데
한 치를 좁히는데 칠십 평생

눈동자에 가시가 찌르는
날카로운 면도날이 가슴을 에어내는
아픔을 다한 후에
주님은 내 곁에, 당신은 내 가슴에…

심장의 한 박동 박동마다
보호해주시고 지켜주시니
허기진 이 몸, 만나로 채워주시고
불기둥, 구름기둥으로 동, 서, 남, 북 가려주오
주님이여 사랑하는 주님이여

사랑이 있는 곳에
용서가 보금자리 잡는 곳에
웃음이 넘쳐흐르는 곳에
나를 버리는 곳에 계시는 주님이시여
계시는 곳 비우지 마옵시고 떠나지도 마옵소서
주님이시여, 내 사랑하는 주님이시여!

마지막 한 잎

갈색 나뭇잎 하나가
벌레한테 물려 일그러진 채
아프도록 떨리는 바람 힘에 겨운 듯
괴로운 듯 하늘거리며
죽을힘을 다해 매달려 있다

붙들듯
애원하듯 매달려
이리저리 흔들리는
마지막 잎새 하나

언젠가는 떨어져야 할
떨어져 새 이름으로 태어나고자
필사의 투신을 예비하는
마지막 한 잎

추수

고구마 북감자 삼태기에 캐어 담아
지게 목발 두들기며
콧노래 흥겨웁게 부르고
한여름 힘든 세월 잊어버린 칠성이가
편할 겨울 생각하며 온동네에 발자국을 찍는 흥겨운 발걸음

머리 위에 점심 참 힘에 겨워도
파란 치마 붉은 댕기 길게 늘이고
좁은 길 논두렁을 조심스럽게 걸어가는 처녀
총각들 놀리던 낫 저마다 멈추고
혼나간 듯 바라보며
기나긴 겨울밤 꿈으로 펼칠 생각을 새겨둔다

도리깨로 털어 놓은 참깨와 들깨
키질하여 쭉정이를 날리며
속 찬 것을 골라놓은 꽃분이
내년 봄 다시 심을 종자를 따로 챙겨
건넌방 서까래에 대롱대롱 매어다니
한 해를 보내는 마음 즐거움 원앙의 날개 되리

그리운 사람

오늘은
서늘한 바람
내일은
훈훈한 바람
가슴으로 맞을까

오늘은
나뭇잎 푸르르고 꽃이 피었으니
내일은
열매 볼 수 있을까

오늘은
미소 보여 주었으니
내일은
사랑한다는 말이 있을까?

따스한 가슴
사랑이란 말 포근한 마음속에 묻고
오래오래
잠들고 싶어라

사랑

늘 보고 싶고 이야기하고 싶은 마음
항상 같이 있고 싶고 기대고 싶은 마음
나의 정성을 다 쏟아
하나가 되고 싶어 하는
교만하고 간사하지 않으며
포근한 애정과
정을 주고 싶어 하는 마음

항상 곁에 두고 가까이 하고 싶은 마음
고독하지 않고
미워하지 않고
무시하지 않으며 존중하는 마음
깊은 대화를 나누며
이해하려고 노력하며
서로 책임감을 느끼는 마음

사랑 말고 달리 부를 수 있을까

나의 기도

바다가 있기 전에 언덕이 있기 전에 계신 주님이여!
추한 이 몸 드리오니 당신께 영광되게 하옵소서

이 마음에 평화를 주시어 육신의 호흡을 지켜 주시옵고
시기하는 어리석음 없이 하여 뼈의 썩음 막아주고
개미 같은 부지런함으로 내 입을 미련치 말게 하옵시고
진리만을 증거하고 악을 미워하는 입술을 허락하소서

지혜와 명철과 진리가 어디서나 나를 유도케 하옵시고
공의와 공평과 정직이 언제나 나를 선한 길로 인도케 하옵시고
분노와 울분을 터뜨리는 미련에서 해방을 주옵시고
수욕을 참아내는 슬기로움 주옵소서

계명을 사랑해서 상을 받게 하옵시고
훈계를 좋아해서 진리를 터득케 하옵소서

못 가진 자 조롱하여 지으신 주 멸시치 말게 하옵시고
추수할 때 잠자는 자 되지 않게 하옵소서

한 발자국 말 한마디 악에서 멀리하게 하옵시고
노하기를 멀리하는 슬기를 주옵시고
허물을 용서하는 영광을 주옵소서

지혜가 내 집을 짓고 진리가 이를 관리케 하옵시고
속이는 저울보다 공평한 추가 되게 하옵소서

중앙의 형제자매

관악의 정기 받아 자라온 건각들
흙냄새 돌 바람 온몸으로 받아가며
진리 찾아 열심으로 달리던 터전
어제였나 그제였나
지금은 자라나는 잔솔잎 바라보며
행여나 꺾일세라 바람막이 되어준다
장엄한 동녘 해 한강수에 반사되어 중앙에 비칠 때면
실눈 뜨고 바라보던 진리의 상아탑
지금은 후예들 앞날의 보금자리
맑고 푸른 한강물에 나뭇잎 하나 띄워놓고
사랑과 희망 담아 굽이굽이 흘러흘러
오대양 육대주에 울려 퍼진 중앙의 함성
오늘도 바람에 실려 들리우는 우정의 소리를
그대는 듣는가, 마음이 외치는가
관악의 웅비함 세난도아에서 한강수 깊은 정 포토맥에 띄워놓고
앞에서 끌어주고 뒤에서 밀어주는 중앙의 형제자매
내일 향해 달려보는 중앙인의 기상은
온 세상 덮으리라, 울려 퍼지리라
중앙의 그 아름다움

산책길

연꽃잎 가득한 호숫가 산책길
흙냄새 풀냄새
발길에 걷어채는 단풍잎들
뜨거운 여름 땡볕에 지쳤음인가?
여기저기 떨어져 뒹굴어도
가엾다 하는 이 아무도 없는
좁은 길 걸어보는 이 산책길
내일도 거닐 수 있었으면…

나무뿌리 울퉁불퉁 얽혀 튀어나온 산책길
마른 곳도 진 곳도
돌들이 튀어나와 발길 가로막는 곳도
힘찬 발길질로 발자국 찍으며
낙엽 밟고 걸어보는
좁은 길 산책길
내일도 이렇게 걸어보리라

주님의 노래

한평생을 주님만을 의지하고
숨이 차게 달려온 인생 여정
지금은 내 짐을 주님 앞에 내려놓고
주님에게 의탁하니
내 몸은 가벼웁고 마음은 즐겁구나

아 주님과 함께하는
나의 여행이여 앞길이 보이나
달려도 달려도 곤고함 없어라
이 즐거운 여행길 주님과 함께 동행하니
즐거웁고 기쁜 마음 하나님께 바치리라

주님의 따스한 손을 잡고
달려본 인생길은 너무나 즐거웠고
당신이 인도해준 그 길을 따랐으니
내 길이 평탄하고 즐거웠어라

주님이여 내 주님이시여
이 추한 한 몸 드리오니
당신께 영광이요 땅 위에는
기쁨 되게 하옵소서

스쳐간 태풍

후닥탁탁 소리를 치며
범람하는 강물처럼 몰려오는 회오리바람에 업혀
쓰나미로 몰려오네

천지를 뒤흔드는 요란한 천둥소리
천마일, 만마일 풍속은 알 수 없으나
알 수 있는 건 가슴의 두려움

나무는 쓰러져 교통을 마비시키고
자동차는 납작하게 찌그러져 폐차가 되고
무고하게 잃은 목숨도 수십 명

천지는 캄캄 2백만이 넘는 가정에 에어컨도 없이
100도가 넘는 찌 더운 복중 토요일 밤 10시 10분
단 10분 동안에 천지개벽 요동하는 날벼락

이곳에 무슨 잘못이 있었기에
큰 벌을 내리셨나
하나님 아버지 저희들을 용서하소서

님의 마음

한 발짝 한 발짝
외론 길, 따라
가시덩쿨 피흘리게 해도
웃으며 걸어가는 당신

무거운 짐 어깨에 얹어놓고
상한 발 상처 난 종아리 아픔으로 무거운 발길에도
쓰라림 참아가며
가야만 한다는 미소 머금은 얼굴

부르고 또 불러도
뒤돌아보지 않는
곧은 맘 바른 발길 흔들림 없는
사랑이 가득히 고인
님의 마음은 호수

청량한 새벽길을 걸으며

연꽃으로 수놓은 호숫가
인적 없는 새벽길을 호젓이
홀로 걷는다

수많은 발길에 걷어 채인
단풍 이파리들
여름철 삼복더위 벗어 던지고
지켜낸 상록의 싱그러움도
미련 없이 버리고

떠난 발자국 낙엽으로 찍어 놓고
본향으로 돌아가는
귀로를 따라

싱그러운 새벽길 인적 없어도
외로움 동행으로 걷는
청량한 오솔길

자석(磁石)어린 내 마음

산책길에 반기는 진달래
수선화 꽃송이들
말없이 유혹하는 호젓한 산책길
나만의 피난처 살아 숨쉰다

푸른 창고 속삭임에 눈빛 준
하늘가 미소 띤 님의 얼굴 되살아나고
닿을 듯 말 듯
잡히지 않는 그대 마음
눈웃음만 고요히 떠오르고

내 가슴에 숨 쉬는 자석 있어
남모르게 속삭이는 내 가슴
자장마다 꽃잎이 되어 피어오른 옛님의
그림자

뜻대로 안 되는 세상 침묵으로
다스리는 나의 인생길

정들면 찰싹 붙고 새침하면
떨어지는 자석어린 이내 마음
엉겅퀴 가시이듯 미움 일면
톡톡 쏘는 내 마음 자장으로 일어서는
그리움

노을

앙상한 가지 사이에
지던 해 홍시로 매달려 있다

지나가던 철새
물어가지 못한 채
빗선만 긋고 가는

서쪽 바라보며
노을로 터진 가슴이 되어본다

밀려온 삶 속에서

마른잎 하나 혼잡한 길거리에
제멋에 흥이 난 듯 춤을 춘다
출근길에 마음 바쁜 인사들
눈길 한번 주는 이 없어
호올로 즐기는 쾌청한 봄날

짓궂은 봄바람의 장난기에
휘말려 정처 없이 떠밀려도
참을 인(忍)자 보듬고 "때"를 기다리는
갸륵한 심성(心誠)

세파(世波)에 몸 맡기고 유연(悠然)하게 떠도는
삶의 여정(旅程) 속에 깃드는
남모를 아름다움 있기에
나, 또한 그를 따라 내 인생길
유연하게 살아가리라

아! 연평…

날아드는 갈매기, 저어새
그날을 아는지 모르는지
오늘도 바다 위를 날고 있건만
오천만의 방패 된 "네" "넋"
말없이 바라보고 있겠지

꽃게와 조기 잡아
흥겨웁게 노를 젓던 어부들
고향바다 등진지 몇날 며칠
파도가 두려워서일까? "개"가 두려워서일까?
바다는 부르는데 띄울 배 부두에 매여 있네

공포에 잠 못 이루는 하얀 밤은
보이는 고향 못가는 촌로도 마음은 같고
한숨으로 건너 땅 바라보며
소리 없이 사라져간
작고 이름 없는 네 알의 모래
작은 가슴속에 오래오래 간직되리

정 청 자의 시

정청자 약력

- 1941년 경북 포항 출생
- 1964년 대구 간호대학 졸업
- 1965년 서독 EVANG KLANKEN HOUS 병원 간호사 근무
- 1969년 L.A.와 HAWAII 병원 간호사 근무
- 2012년 워싱턴 창작문학회 회원
- 2013년 『조선문학』 시 부문 신인상 당선

사랑의 향기

사랑이 흐르는 계절
꽃구름 피어나는 소녀들의 봄 향기

장미꽃 향기에 취해 벙어리가 되어버린 바람
바람마저 향이 되어버린 풍향

산골짝에 낙엽 떨어지는 황혼길 저쪽
희미한 불빛 속에 정답게 떠오르는 옛집

긴 밤 소록소록 눈 쌓이는 소리
생명의 빛깔로 채색하며

난
어느덧
사철로 흐르는 사랑의 향기에 취해본다

6월의 산책길

하늘을 찌르듯 푸른 나무들이 도열해선 사이로
태양은 직각으로 떨어져 내리고
스크랩을 짠 채 잎새들로 차일 친
오솔길을 걷는다

길섶에 숨어 핀 들꽃들
보표 없이도 화음이 되는
새들이 굴리는 웃음소리가
산계에 실려 구슬로 굴러간다

손이라도 맞은 것일까
숨바꼭질하듯 다람쥐
이리 숨고 저리 숨고
유난히 큰 귀를 세운 토끼들도
기웃댄다

속진에 때 묻어 얼룩졌던
빈 가슴에도 초록물이 들어
싱그럼으로 피가 돈다

등산길

쌍쌍이 줄지어 산등성을 오른다
등고에 비례해
빨라지고 가빠지는 숨결이
이마로 땀방울을 토해낸다

산정의 유혹
유혹의 손길에 끌려 한발짝
또 한발짝 내어딛는 행보는
천근 무게의 고행이다

어찌 산행뿐이랴
높낮이 없어도 굽돌이로 숨이 가쁜
인생 고갯길 또한 등정이 아니던가

무거운 발걸음 한발짝 한발짝
정상을 향해 내디디며
헛발질 없는 인생 고갯길
다짐해 본다

내 사랑 진이

가슴으로 그린 그리움이
그림으로 그려져
흉벽에 걸린다

멀수록 가까웁고
가까울수록 먼 것이 되는
그리움이라는 가슴엣병

오늘도 가슴앓이로
불러보는
진아

영상으로 떠오른 친구

불타는 단풍잎 사이로 드높이 트인 창공
까마귀 떼 울며 나는
늦은 오후, 홀로 걷는 호숫가

마른 단풍 향기 마시며
대자연의 경관 속에 나를 묻고
문득, 떠오른 그대 모습 그려본다

곱게 물오른 잎새마다 새겨져
얼룩으로 박히는 추억
나도 몰래 가슴이 방아를 찧는다

분수대의 물소리로 가슴 적시고
내 안의 나를 만나는 시간

돌이켜 보면 돌고 도는 인생 여정
먼 길 걸으며 이정표마다에
지워지지 않는 얼굴 하나
걸어둔다

오늘이란 하얀 종이에

나를 괴롭히던 크고 작은 일들도
어제라는 강물 속으로 밀려가 버렸지요
수많은 사람들과 부딪쳤던 그 순간 순간들도
어제라는 암흑 속으로 빠져가 버렸지요

아침이면 미소로 항상 그곳에 있었고
내 마음 행복함을 주었던
정답던 친구도 어느 날 홀연히 떠나버리고
은근히 찔러대는 가시같은 아픔들이
나를 짓누를지라도…

어제 일어난 낡은 일들은
흐르는 시냇물에 떠나보내 버리고
난 오늘이란 하얀 종이에
맑고 새로운 그림을 그려봅니다

손녀 "연화"를 위한 기도

자비하신 주님이시여!
당신의 그 크신 사랑의 품에 이 어린 생명을 품어주시옵소서
영롱한 고운 눈매와 보드랍고 연한 새싹의 순이
세상 밖으로 나온 지 채 다섯 달이 안 된
우리 귀염둥이 손녀 연화,
간이식 수술을 받기 위해 병상에 누워있는 저 어린 생명,
모든 만물을 지으시고 인간의 생명체를 만드신 주님이시여,
간절히 기도드립니다
"너의 염려를 다 주께 맡겨버려라, 이는 저가 너희를 권고하심이라"는 말씀을 제게 들려주시고 그 말씀대로 따를 수 있는 마음을 감사함으로 받아들이게 하옵소서

사랑의 주님이시여!
우리 연화를 불쌍히 여기사 주님의 피 흘려 주신 그 손으로 친히 이 어린 생명을 수술해주심을 믿는 신비한 은총을 더하시옵소서

사랑의 주님이시여!
병든 저의 손녀 연화를 붙들고 함께 아파하며 무릎 꿇고 간구하는 젊은 부모와 저에게 위로하시고 믿음을 더하시옵소서

긍휼하심이 크신 주님이시여!

이 어린이로 완전케 하시사 온 가정의 기쁨이 되게 하시고, 자라서 교회의 큰 일꾼 되게 하시기를 원하며 나라의 기둥이 되게 하시기를 바라는 저의 간절한 소망을 이루어 주시옵소서

의사 중 의사 되시는 주님 이름 받들어 간절히 기도합니다

아멘

조 금 선의 시

조금선 약력

- 1935년 서울 출생
- 1953년 숙명여고 졸업
- 1981년 미 국방성 21년 근무
- 2013년 워싱턴 창작문학회 회원

신비스런 그 사랑

나는 슬프지 않습니다
내 마음 깊은 곳에
바다 같은 따뜻한 사랑에 힘입어…

나는 외롭지 않습니다
작은 호수의 은밀한 그 평안이
나를 힘껏 감싸 주어서…

나는 쓰러지지 않습니다
누군가의 간절한 기도 소리에
내 영혼 깊은 곳에 새 힘을 입어…

나는 행복합니다
인생 골목골목에 등불 되어
혼란한 긴 여정에 주인이 계시어…

예쁜 작은 호수

내 마음 깊은 곳에
예쁜 호수를 지어
당신의 사랑으로 가득 채워
자랑하고 싶네

짧은 삶의 깊은 곳에서
수없이 받은 그 사랑
한파의 꿋꿋하게 서 있는 소나무 되어
당신의 깊은 뜻 앞에
눈물로 겸손하게 하소서

봄, 여름, 가을, 겨울
수많은 흐름 속에서도
많이 변화 되어가는 현실 속에서도
우주 만물의 흐름은 여전하며
그 사랑도 한결 같네

숨 쉬는 맑은 공기와
밝은 햇살의 그 은혜
나를 거름으로 묻어
사랑에 겨운 꽃들을
어여쁘게 작은 호수에 띄우고 싶네

지금이 있기에

- 오월의 어느 날

지금이 있기에
가장 소중하고
아름다운 모든 것들 위에
나는 엎드려 두 손 모으고 싶습니다

절망의 늪에서조차
출렁이는 강가에서도
호흡이 뛰는 그 은혜의 소중함에
깊이깊이 감사하고 싶습니다

밝혀든 등불이
바른 길 가려는 길잡이 되어
깊은 밤 어둠 속에서도
지금이 있기에 너무 너무 행복합니다

지금의 소중함이
만민의 은혜 되어
구석구석 아름다운 햇살이 되기를
무릎으로 깊이 속삭이고 싶습니다

사랑의 어머니

눈을 감아도 아름답게 떠오르는 어머니
눈물을 흘리면서도 웃음으로 감싸주시던 그 모습
눈길로써도 바다 같은 사랑을 베푸시며
새벽의 맑은 샘처럼 밝은 사랑의 어머니!

꽃보다도 더 고운 금빛 햇살같이
하얀 꿈속에서도 사랑의 나래 펴
사르륵 잔잔한 바람 속에서도
따뜻하게 안아주시던 어머니!

남몰래 눈물로 기도하며
아멘, 아멘 하시던 우리 어머니
무릎으로 칠남매를 키운 깊은 사랑
그 소박한 미소는 생명의 근원이 되었네!

어느덧 세월이 흘러흘러
어둠의 골짜기를 넘을 때에도
어머니의 굽이굽이 짙은 사랑이
우리 영혼의 힘이 되고 발판이 되어
하늘에 감사하며 두 손 모으네!

아름다운 산길에서

어둠을 다스리며 오르는 꼬불한 산길에는
천사들만 맛보는 싱그러움이 가득 차 있고
풀냄새 싱싱한 짙은 향기에
이름 모르는 새들이 멋지게 춤을 추니
속속들이 짙어진 갈등도 그저 녹이는 듯…

온 누리에 꽃내음 황홀한 오솔길
때를 가려 피어있는 작은 꽃들이
무언가 속삭이듯 미소 짓는 그 어여쁨에
내가 모르는 낯선 인생길에도
찬란한 태양빛이 방긋 웃어주네

하늘을 덮은 짓궂은 높은 나무들
아름다운 햇살을 사정없이 가렸건만
솟구쳐 올라오는 어여쁜 안개꽃들의 미소
헤아릴 수 없는 당신의 무한한 신비함에
내 가슴 깊은 심연에서 무릎을 꿇었습니다

아름답게 피게 하소서

- 가을 어느 날

싱싱함에 푸르름을 마음껏 자랑하며
우뚝 서 있던 뒤뜰의 나무들아
예약없이 찾아온 가을비에
그저 무릎을 꿇어버렸구나

이 모양 저 모양의 단풍으로 변화되어
멋지게 가을 앞에 순종하더니
각색 찬란한 오색 아름다움으로
하늘 앞에 어여쁘게 피어졌구나

그 귀한 사랑 앞에서 겸손해지더니
오색 단풍에 비할 수 없는 어여쁨이 되어
이곳저곳에 순종의 사랑이 되어
많은 기쁨의 향기꽃이 되어졌네

우리 모두 순종의 꽃이 되어
영원한 사랑의 찬란한 향기 되어
멀리, 널리, 또 저 멀리…
땅 끝까지 주님의 향기 되게 하소서

지금의 고국은

지금의 고국은
자연의 대세가 겨울 등을 밀치고
아름답게 펼쳐진 봄향기 꽃들이
눈부시게 어여쁘게 펼쳐지고 있습니다

지금의 고국은
땀으로 얼룩진 얼굴들이
가난을 벗고 우뚝 서려고
분단의 아픔도 잊은 양
앞만 보고 달려온 고국입니다

지금의 고국은
모든 민족의 빼앗긴 아픔을
깊은 자리에 깊이 엎드려
하나 되는 금수강산 되기를
쉬지 않고 기쁨으로 기도하렵니다

언니의 사랑

따끈한 아랫목에 뉘여 놓고
행여나 추울까봐 덮어주며
감싸주던 따뜻한 언니

불기 없는 찬 냉 윗목에
웅크리고 잠든 그 예쁜 얼굴
호반처럼 곱게 핀 천사

눈깔사탕 하나가 있으면
하얀 웃음을 활짝 날리며
한입에 넣어준 맛있는 그 사탕

수많은 일들을 제쳐놓고
달래면서 가르쳐준 간밤이건만
그래도 학교 잘 갔다 와 하는 아침 웃음

내 마음속 깊고 깊은 곳에
잔잔한 사랑의 호수되어
아직도 내 영혼 안에서 깊이 여울지네

작은 천사의 사랑

하늘하늘 흩날리는 꽃잎 되어
작은 천사의 사랑으로
은밀히 베푸는 비밀 속에는
하늘의 신비한 따뜻함이
세상의 위로가 되겠네

어둡고 혼란한 이 땅에
꺾어진 꽃가지마저도
사랑하고 싶어 하는
예쁜 손길과 마음 위에
촉촉히 젖은 이슬 꽃들도 방긋 웃네

어둠을 깨는 자명종이 되어
작은 예쁜 밀알이 되어
노을을 향하여 크게 외치는
이름 모르는 작은 새들도
입을 모아 높이 높이 찬양하네

사랑은 아름다운 것

사랑은 아름다운 것
크고 비밀한 인생을 인도하며
흑암 속에서도 지치지 않으며
뿌려진 끝없는 열매되어
혼란한 세상을 두루 다니며
지평선 너머 찬란한 등불이 되네

사랑은 아름다운 것
엄청난 희생의 꽃들이 피어
무섭게 부는 비바람 속에서도
말없이 내리는 가랑비 속에서도
스쳐가는 풀냄새 속에서도
끝없는 어여쁜 사랑의 향기 되네

사랑은 아름다운 것
날마다 순간마다 뿌리는 사랑이 되어서
작은 바위틈에서도 새싹이 되어
버려진 진흙 속에서도 열매 맺어
우거진 수풀 속에서도 이슬꽃 되어
무지개처럼 찬란한 주님의 꽃이 피네

작은 돛단 배

언제나 새로운 마음으로
그래도 무엇을 아는 것 같이
망망대해에 작은 배 되어
알지 못하고 가는 긴 여정 길!

거친 물살 속에서
먼 인생의 여정을
자신감과 오만으로 달리지만
우리는 모두 모래알 같은 작은 존재임을…

어두운 골짜기를 넘어 넘어
폭풍과 깊은 해일 속에서도
그 순간 순간을
따뜻하게 감싸주시는 그 사랑!

미움과 시기의 울타리를 넘어
소중한 빛을 사랑으로 받아
마음의 소음을 털고
작은 예쁜 돛단 배 되어
깊은 밤에도 무릎을 꿇으리

지 영 자의 시

한울 지영자 약력

- 1941년 강원도 원주 출생
- 1962년 춘천 간호대학 졸업
- 1971년 미국 이주
- 1972년 필라델피아 Rolling Hill Hospital RN 근무
- 2004년 중앙시니어센터 문예부 회원
- 2004년 『그루터기』 공저
- 2009년 미주 문예 동우회 회원
- 2011년 해외문학 신인상 당선
- 2012년 워싱턴 창작문학회 회원

가을이 창가에

떡갈나무 물드는 창가
시나브로
가을이 가득하다

여름내
울어대던 매미의 긴 여운
세월에 등 떠밀려 훌쩍 떠난 계절에
스산한 갈잎의 발자국 소리 깊어간다

털어버리는 계절의 상념 속에
하얀 허공만 높아가고
창 너머 코스모스 키 재기에 바쁘고
핑크색 립스틱 짙게 바른 단풍잎
흰 구름 흩어지는 파란 하늘
모두가 가을을 찬가한다

민들레

꽃샘바람 눈 녹이니
초록색 카펫에
요정이 그린 고운 민들레

금실의 사랑으로 수놓아
군락한 꽃술마다 아침이슬 구르니
노랑나비 반겨 나래 떤다

파란 하늘
구름 쪼갠 쪽빛 볕에
곧은 대궁의 백발이여

어디서 불어오는 실바람에
백발이 홀씨 되어
새 천지 개척위해

어디로 가는가?
미련 없이 두려움 없이
먼 미로의 여정을 떠나는 홀씨
내 맘 같아라…

무궁화

8월
싱그러운 아침
활짝 핀 하얀 미소
낯익은 얼굴
이슬방울 맺힌다

삼천리
금수강산
우리나라 꽃 무궁화

일제의 압제에도
시련의 고난을
삼천만의 혼속에 끈질기게 피어온 꽃 무궁화

8월의 염천(炎天)을 머리에 이고
정열로 피어 정기(精氣)를 뿜어내다
질 때는
꽃술 가슴에 품어
약한 모습 꽃잎에 되감아

촉석루에 몸 던진 의녀(義女) 논개 같이
송이째 낙화하는 절개의 꽃
우리나라 꽃 무궁화 꽃!

겸손

바삭바삭
살그락 살그락
가을이 가는 발자국 소리
아쉬워 달빛이 함께 걷는다

가을바람 몸부림치며
나목(裸木)을 울린다

밀려가는 계절의 굴레 속에
쫓기는 노년의 갈잎
창백한 얼굴로 창가에 앉는다

탈수된 피부
드러낸 모세혈관
안으면 부서질 몸

이가 시린 밤
별들의 품속에 잠들고
노랑 빨강 꿈 접어 흙에 묻는 밤

훨훨
털어버리는 가을의 겸손이
가시 되어 마음에 박힌다

모란이 필 때

오월
꽉 찬 녹색 창가
떡갈나무 잎새로
별빛 쏟아지는 뜰
행복한 모란
방실 피었다

반짝 피던 봄
눈 사진 찍고 가는데
봄이 간 빈자리에
어느새
오월의 여왕 모란이 우아한가?

연분홍 모란 잎잎에
겹겹이 모은 사랑
못 다한 그리움이 아리게 터져
더 진한 핑크색을 토한다

님 그리다 빛바랜 세월
모란 꽃잎 속에 지우려 해도
더 아픈 마음 옥죄는 싱글한 모란 향기

오월!
모란이 피는 계절

가을

눈부시게 푸르른 날
그리운 사람을
푸르게 사랑하고 싶어 잎이 되었네

달빛 노래 어울려
밤새 지새는 소리
이슬로 꿈을 축이는 갈망

길고도 짧은 순리의 반항 속에
아쉬움도 울긋불긋 물들어가는

풀벌레 잠든 적막
우듬지 빈자리에 별들이 졸고
우수수 벗어버려 드러나는 가을

초록잎 지쳐 빨갛게 화상 입고
드러낸 혈관 탈수된 가여운 젊음

바삭
앙상한 몸 울부짖는 갈잎 소리
바람무덤 속으로 빨려가네

달려가는 봄

아직 코 끝에 찬바람 시리고
옷깃을 파고드는 꽃바람 시샘이
살갗을 할퀸다

회색 나뭇가지에
매화 피는가 했더니

치매 걸린 계절은
정신없이 봄을 끌고 도망간다

그래도
달려오는 봄의 얼굴
개나리
수선화
부챗살 햇살이 봄을 낳는다

봄의
고운 빛깔은 어디서 올까?
봄 소녀로 돌아가고픈 충동이
봄바람에 실려 오는데
낙화의 서글픔이 앞서 가누나

모정(母情)

동백꽃 질 무렵 낙엽 속에 묻힌 얼굴
활짝 피고 싶어
푸른 잔디에 토한 사랑

밤마다 별빛에 묻어오는
상냥한 얼굴

과묵한 소나무
솔방울 모아
한(恨)을 태우는 하얀 모정(母情)

모진 싹쓸이 칼바람에
타다 타다가
재가 되어
죄어 오는 아픔
무덤을 다지는 흙처럼
무거운 모정(母情)

아직도
내 가슴에 활짝 피어있는
내 사랑 동백꽃

잡초

아침이슬이
밤새
별빛을 주워 담은 잡초에 눈부시다

씨줄 날줄
수목 가지 사이에 새는 햇살
부지런한 멧새 눈곱 떼며
푸드득 짝 찾아 난다

한송이 들꽃
잡초의 시기에도
한줌 새 공기에 향기 펴니
네 자태 양귀비로다

설렘 잠 떨치고
임 함께 걷던 오솔길
임의 체취 더듬는데
잡초의 옥구슬이
차갑게 아랫도리를 적신다

너도
밤새 별빛 추억 줍느라고
잠 못 이뤄 내 맘 같이 수척하구나

Valentines' Day

하얀 눈 은반 위
외로움 남긴 새 발자국
북풍에 떠는 설목(雪木)

동토(凍土)에 누워 봄을 기다리는가?
매정히 떠난 지 어제 같건만
벌써 눈꽃이 피고 진지 어언 세월

낮에 나온 반달처럼
소복단장 저린 가슴
기도로 눈 녹이며
빨간 장미에 애절한 마음 담아
사랑의 날 가신
당신의 하얀 가슴에 담습니다

허리춤에 감춘 빨간 장미
넌지시 건네주던 따뜻했던 당신의 순정
그것이 첫사랑의 고백이었소
Valentins' Day가 오면
못 잊어 애타게 소복단장으로
자취 없는 당신의 가슴에
사랑의 시를 띄웁니다

못 잊어
못 잊어
공허한 하늘에 사랑의 시 띄웁니다

풍선 여행

목화꽃 뭉게뭉게 피어나는 가을 하늘
들국화 향기 손짓하는
은발머리 갈대밭

파란 농장
나른한 햇볕에
소, 양 한가롭게 되새김질 하고
벌 나비 들꽃 넘나들며
이름 모를 새들 행복한 웃음소리

파란 풍선(氣球)을 타고
둥실둥실 하늘을 난다
눈 아래 지구가 멀어져간다
손자들 흔드는 고사리 손도 작아지고
"할머니 사랑해요!" 외침도 모기소리 마냥 멀어져간다

높은 산도 납작하고
넓은 호수 명경(明鏡) 같고
바둑판같은 논밭
게딱지같은 집들…
눈 아래 것 모두 요지경(瑤池鏡) 세상

우윳빛 구름 속을
내 가슴도 풍선처럼
바람에 실려 거침없이
청옥빛 하늘을 유영한다

고마운 손자들의
깜짝 생일선물

※ 내 자신도 잊은 생일을 사위가 손자들과 함께 축하해주던 날.

꽃 무덤

녹색 길
부푼 가슴
하얀 호수에 담근다

길마다
꽃 너울 고운 신부들
진달래 미소로 반겨오는 봄 언덕
흰 나비 화신(花信) 안고 춤을 추니
꽃비
질투로 시기하니
꽃잎들 파란 입술 떨며 무덤에 간다

코스모스

인적 드믄 산기슭
구름 핀 파란 하늘아래
군락(群落)한 코스모스
잎잎에
색색 립스틱을 바르고
키 세운 가냘픈 허리
살랑 바람에
모두
발레리나가 된다

싱그럽고
청순한 모습
가을 하늘 이고
시나브로 다가 선 계절을
키로 잰다

찜질방 여인들

물씬 왕골 냄새 돗자리 깔고
창호 벽지에 수놓은 꽃잎들

증기 속에
여인네들 속살 양귀비 되고
백도의 열기에 달걀 대굴대굴 익어간다

온열의 땀으로 머리감고
옹기종기 구겨앉은 사랑방 손님들
소박한 수다에 웃음꽃이 피어난다

박 같이 하얀 피부 둥글둥글 달님 얼굴
칠순 세월 지낸 아쉼 지우기 위해…
그래도 마음은 늙지 않은 여인!

임진강

멍든 철조망
피로 엮은 휴전선
세월의 물레 속에 찾아온 봄
남북 산하 군락의 진달래
젊은 선홍의 외로운 나비

오월의 흙내음 아직 냉한데
포연의 전흔 잊은채
이제는 평화한 초가의 저녁 연기

부러진 녹슨 철교
말없이
길손 잃어 반백년
천년의 치매로 속절없이
흰머리 주름 얼굴 긴 세월

임진각 종소리 애간장 저미는데
너는 잊었느냐 분단의 비애를
오늘도 무심히 흐르는 네 가슴에
종이배 하나 띄운다

까만 밤 해바라기

- 죽은 딸을 생각하며

하얗게 지새우는 깜깜한 밤
기다림에 지쳐
타다 타다 재가 된 까만 해바라기

그리움이
한이 되어
알알이 가슴에 박혀버린 오랜 세월
삭히려 할수록
가슴에 살아나는 뜨거운 불씨
이 밤도 사무치는 너의 모습 살아나
밤이슬로 머리 감고
새벽별을 세며 초생달과 눈물지다가
하얗게 식어버리는
까만 밤 해바라기
까만 밤 해바라기

꽃 속의 여인[化女]

세월에 그을린 아름드리 고목(古木)
나이테 부여잡고
속으로 애태우는 과묵한 입

멋대로 퍼진 몸매
찢기고 터진 까만 피부
봄을 기다려 설레는 마음

행복에 톡톡 튀는 꽃
하얀 드레스로 임 맞으니
심술쟁이 꽃바람 눈 흘긴다
놀란 꽃잎,
서럽게 떨어지는 꽃비 터널을
추억을 더듬는 꽃 속의 여인

노송(老松)

벽산(碧山)에
외로운 노송
갈라진 목린(木鱗)은
고난의 숱한 세월의 흔적

만고풍상(萬古風霜)에
누더기 같이 터진 살갗
세월의 망각 속에
솔방울 떨구며
겸손히 가을을 보낸다

노송은
인생의 노교수(老敎授)
자연의 순리로
인생을 살란다

사막의 파수병

전신에 바늘로 무장한 선인장
광활한 사막을 지키는 파수병

태양의 열사 아래
야자수 늘어진 팔 비웃으며
황량한 대지에 굳건히
타는 노을 바라보며
수백 년 과묵하는 사막의 파수병

봄이 오면
색색의 고운 꽃을
훈장으로 가슴에,
지난 세월의 고뇌도 잊고
스스로 자신을 찌르며
충성을 다짐하는
진실한 사막의 파수병 선인장

달

태양은 산등 너머 붉게 타다 묻히고
별이 보석처럼 이가 시린 밤

가을 몸살 열기에
기침하는 단풍잎
아직 남은 체온 바삭 몸부림치는 낙엽
품속에 안으니 찻잔에 가득한 세월…

은색 둥근 달빛 아래
훨훨 벗는 가을 나무의 겸손
어느새 달그림자 다가와 팔짱을 끼고
달, 나, 그림자 셋이 함께 걷는다

가을 엽서

가을 엽서
창밖에
차곡차곡 쌓인다

빨강
노랑
갈색의 고운 그림엽서가

그리움
잎잎에 오롯이 담고
못 다한 사랑
빨갛게 타서
가을바람에 차곡차곡
내
가슴에 쌓인다

노란 사랑

빰을 갈기며 머리채 휘어잡고
마구 가슴 할퀴던
매서운 시샘바람

화신(花神) 앞에 굴복했나
간사한 계절의 질투

그래도
꽃눈
툭툭 움트는 소리
새벽이슬 먹은
노란 미소의 수선화

연록 드레스
수줍은 새아씨 고운 자태
우듬지에 걸린 새벽달도
수선화 노란 미소에
갈 길을 잃었다

5월의 상몽

굶주린 추억
보라색 꿈 피어나는 5월의 목련

사랑을 태우던 촛불
꽃바람 시샘에
학이 날아간 빈가지에
눈먼 옛날이 졸고

추억을 들추는 5월의 저녁노을
사공 없는 나룻배처럼
전설된 꿈속에
담홍색 호숫가 벤치에서

이광수의 유정
입센의 인형의 집
톨스토이의 부활…
에메랄드의 청옥색 보석을 캐던
5월의 초원에 이제 모란꽃이 피어난다

봉선화

느티나무
매미 울음 지난 후

텃밭 옥수수
알알이 익어가고
닭벼슬 맨드라미
먼 구름 바라보며
빨간 고추잠자리
댑싸리에 잠잘 때
나뭇가지에 걸린
하얀 달이 낮잠에 취했다

뒤뜰
양지바른 돌각담엔
노랑 호박 별 바라기하며
곰삭은 장독대 앞
진분홍 봉선화 한창이니
꽃댕기 따 내리고
목련보다 흰

여린 가슴 순정안고
열 손가락 봉선화 물들여 감춰
수줍어 낯붉히던 언니 생각난다

인생

미처 몰랐어요
인생이 장미꽃 같은 것을

고운 향기 발하다가
서리에 잎 지면
향기도 가고 가시만 남아
흙으로 가는 것을

이제야 알겠어요
인생이 뜻대로 안 되는 것을

뒷골목 꼬불꼬불
울퉁불퉁 비포장 도로 같이
비 오면 질퍽질퍽 흙탕길
가다가다 지쳐 주저앉는 길

그래도 인생은 가야하는 것
행복과 슬픔 함께 가는 이정표

차 영 운의 시와 산문

차영운 약력

- 1954년 충남 공주 출생
- 1986년 미국 이주
- 2008년 미주 문예동우회 회원
- 2012년 해외문학 신인상(수필)
- 워싱턴 창작문인회 회원
- 해외 문인협회 회원
- 『조선문학』에 시 당선
- 현재 버지니아주 Fairfax 거주

산행

오늘은 토요일 아침이다.

"등산 가자!"

주말이라 이 외침의 소리는 남편의 즐거운 비명소리다. 어설픈 잠에서 깨어난 아들과 나는 바쁘게 움직인다. 이에 질세라 우리 집 강아지 찰리는 펄쩍펄쩍 뛰면서 따라나선다. 찰리는 통역관도 없는데 신기하게도 '가자!'는 한국말을 잘도 알아들을 만큼 눈치가 빠르다. 소리를 지르고 빙글빙글 돌며 야단법석인 찰리는 언제부턴가 남편의 등산 멤버가 되어 자주 따라다니곤 했다.

어느새 눈치를 챈 찰리는 오늘도 자기를 데리고 가 달라고 조르는 아이처럼 칭얼거리며 먼저 문 앞에 나와 서 있다. 이 귀여운 모습을 보고 하루 종일 집을 지키라고 하기에는 안타까운 광경이다. 그래서 나는 가족의 일원으로 데리고 가기로 했다.

우리는 아침을 먹는 둥 마는 둥 하고 배낭 속에 간단한 점심과 물을 챙겨 넣고 비상약을 준비해 차 안에 실었다.

우리의 등산 코스는 Shenandoah에 있는 Oldrag이다. 풀코스는

2,510피트이며 5~6시간이 걸리는 코스다. 우리는 풀코스는 힘들 것 같아서 중간지점까지 갔다 오는 2~3시간 걸리는 코스를 정했다. 나는 운전의 베테랑이신 남편에게 맡기고 차 안에 몸과 마음을 싣고 Shenandoah를 향해 신나게 부딪치는 바람을 가르며 달려갔다. 자동차길 양 옆으로 끝없이 펼쳐진 푸른 초원은 영화의 한 장면을 보는 듯했다. 까만 젖소들이 한가로이 풀을 뜯고 노는 전형적인 시골의 아름다운 풍경은 바쁘게 살아온 나에게 여유로운 마음을 갖게 했다. 나는 푸른 하늘을 날아서 달려온 것처럼 들뜬 마음으로 2시간 정도 Drive를 즐기며 Oldrag 입구까지 왔다.

입구에 차를 파킹하고 간단한 준비운동을 한 다음 정상을 향해 올라가기 시작했다. 많은 등산객이 올라가고 내려오는 산책로는 협소한 외길이었다. 울퉁불퉁한 자갈길을 따라 한 줄로 서서 올라가는데 남편과 아들 그리고 찰리와 내가 뒤를 따랐다. 나는 모처럼 만의 산행이라 힘들어 쉬어가려고 앉았더니 먼저 가던 찰리가 뒤돌아서서 소리를 지른다. 제 딴엔 빨리 올라오라는 신호인 것 같다. 그러더니 나에게로 와서 파이팅을 외치듯 같이 가자고 소리를 지른다.

나는 숨 가쁜 발길을 옮겨 올라가는데 자연은 반겨주듯 살랑살랑 춤을 추며 손짓하는 나무들과 크고 작은 바위들은 무언의 속삭임으로 우리를 반기고 있었다. 그런가 하면 청아하게 지저귀는 새들의 노랫소리는 우리의 발걸음을 더욱 가볍게 해주었다. 바쁘게 살아온 이민생활 속에서 잠시나마 벗어나 자연과 함께 하는 쉼의 공간 속에서 마음이 하나가 되어 밀어주고 끌어주며 올라가는 가족의 산행은 더없는 행복의 시간이었다. 그런가 하면 다민족들이 사는 이

Virginia에 많은 사람들이 이곳을 찾아 삼삼오오 짝을 지어 올라가고 내려가는 모습은 인생에 즐거움이 묻어나고 활기차 보였다.

오고가는 대화 속에 함박웃음 꽃이 피어나고 인생의 힘든 삶을 잊은 듯 아이들처럼 천진난만한 순수함과 소박함이 묻어났다. 이웃들의 즐거움도 보며 자연 속에 묻힌 나는 하나님의 창조적인 작품들을 보게 되었다. 여러 모양의 운치 있는 바위와 하늘을 찌를 듯이 곧게 뻗은 나무들이 생명을 자랑하듯 풍성하게 우거져 있었다. 자연을 만끽하며 한참을 올라가다 보니 목적지인 중간지점에 도착했다. 그곳엔 집채만 한 넓은 바위와 땀을 식혀 줄 시원한 바람이 우리를 맞아주었다.

우리는 하나같이 '아! 시원해.'를 연발하며 두 팔을 벌리고 날아갈 것 같은 흥분된 마음을 절제하고 천방지축으로 돌아다니는 찰리를 붙잡아 물을 먹이고 둘러앉아서 꿀맛 같은 점심을 먹었다. 이때 나의 두 눈을 사로잡은 거대한 초록빛 바다 물결은 산과 산이 겹쳐져 푸른 녹지대를 이루고 있었다. 그 속에 어느 조각가가 다듬어놓은 하얀 돛단배처럼 오뚝오뚝 솟은 바위들은 시원한 바다를 연상케 했다. 하나님의 놀라운 솜씨들을 바라보며 나는 "Amazing Grace"를 외쳤다.

돌아오는 우리의 발걸음은 기쁨으로 가득하고 가족애는 화목으로 입맞춤을 했다. 오늘의 산행은 우리의 삶에 자연과 공존하는 아름다운 인생 여정이 아닐까 생각해 본다.

신록의 아침

이른 아침 새벽 예배를 마치고 돌아와 내가 좋아하는 해즐럿 커피를 한 잔 마시며 신문을 읽는 것은 나에게는 유일하게 여유로운 시간이다.

어느덧 화려한 봄날의 꽃들은 눈꽃처럼 비바람에 사라지고 신선한 공기 속에 더욱 빛나는 햇살을 받으며 풍성한 신록의 계절이 찾아왔다. 이곳저곳의 나뭇잎은 새파란 물결을 이루고 생동감 넘치는 우리 집 뒤뜰에는 작은 동물왕국을 연상케 하는 초여름의 아침이다.

커피 한 잔 속 해즐럿 향기를 음미하며 창문 밖을 바라보는 순간 내 눈의 카메라에 포착된 그림 하나가 있었으니 바로 어미 사슴과 아기 사슴이었다. 이른 아침 눈부신 햇살을 받으며 풀을 뜯는 여유로운 식사시간을 맞고 있었다.

이때 내 눈은 고정 채널이 되어 아기 사슴을 주시한다. 태어난 지 한두 주 밖에 안돼 보이는 귀엽고 예쁜 아기 사슴이다. 아주 작은 몸에 하얀 반점을 가진 아기 사슴은 어미 곁에서 삶을 배우는 모습이다.

순간 한 마리의 여우가 총총걸음으로 바쁘게 지나가는 또 하나의 모습이 포착됐다. 이 모습을 본 어미 사슴은 놀란 듯 철망 펜스를 뛰어넘어 달아났다. 아기 사슴은 어미의 이런 행동을 보고 놀랐는지 당황하며 이리 갔다 저리 갔다 펜스를 맴돌았다. 이때 나는 잠시 욕심 아닌 욕심을 부려본다. 예쁜 아기 사슴을 잡아서 한 번 집에서 키워볼까?

나의 생각이 사라지기도 전에 어미 사슴은 가던 길을 멈추고 돌아와 아기 사슴을 바라본다. 엄마가 아기를 기다리는 안타까운 모습이 아닌가 싶다. 아기 사슴은 어미 사슴의 위대한 사랑에 힘을 얻은 듯 익숙지 않은 발길질로 몇 차례 철망 펜스를 넘어가려 시도한 끝에 결국 가까스로 어렵게 펜스를 넘었다. 아기 사슴이 어미 곁으로 달려가 서 있는 모습은 오래 헤어졌던 이산가족의 재상봉을 연상시키는 것 같았다. 어미 사슴은 아기 사슴에게 안도의 눈빛으로 입맞춤을 하고 어디론가 사라져갔다. 아무리 말 못하는 짐승이라도 어미의 본능적 모성애는 우리 인간과 다를 바 없는 아름다운 참 모습이었다.

그런가 하면 다양한 자연의 생태계 속에서 풀을 뜯는 귀여운 토끼들, 그리고 온갖 새들의 노랫소리, 나무를 오르락내리락 하며 열매를 주워 먹는 다람쥐, 꽃향기를 찾아 날아다니는 나비와 벌들…….

신록의 계절을 맞아 자연 속 환상의 짝궁들이 아닌가싶다. 나는 커피 한 잔의 향기 속에 신록의 아침을 만끽하며 초여름을 맞는다.

허물어진 새집

이사하면서 드라이브 옆에 크리스마스 트리로 사용할 둥글고 갸름한 소나무를 한 그루 심었다. 크리스마스 때만 되면 변함없이 깜박깜박 별빛처럼 빛나는 전구를 달아 주님의 탄생을 기념하자는 생각에서였다.

장식용 소나무가 제법 자랐다. 솔잎도 우거졌다. 어느 날 외출하고 돌아와 차를 파킹하는데 갑자기 한 마리의 새가 푸드득 날아가는 것이었다. 처음엔 잠시 쉬었다 날아가는 가보다 했다. 그러다 번번이 찻소리와 인기척이 날 때마다 소나무에서 새 한 마리가 놀라 달아나는 게 보였다. 왜 그렇게 예민해 하는 걸까, 자세히 나무속을 들여다보았더니 가지 위에 허술하게 지어진 둥지 하나가 눈에 띄었다. 새가 작은 공간에 웅크리고 앉아 비를 피하기도 하고 고달픈 두 날개의 안식처를 삼는 쉼의 공간이었다.

이후 나는 차를 파킹할 때마다 무척 조심한다. 긴장이 되기까지 한다. 또 하나의 생명체, 새 가족을 만났기 때문이다.

며칠 뒤 나는 궁금증이 발동해 날아간 새 뒤를 쫓아 둥지를 들여다봤다. 공기알만한 세 개의 알이 놓여 있었다. 메추리알과는 다른 하늘색의 알이었다. 새의 이름은 잘 모르지만 작은 둥지가 하늘색으로 가득 차 있었다.

어미 새는 생명의 존귀함을 아는지 두 날개를 펼치고 애지중지 알을 품는 모습이었다. 헌신적인 부양이다. 동시에 비바람 소리 등 작은 소리에도 예민하게 반응하는 것을 보면 새끼에 대한 애착심과 보호본능이 상당한 것 같다.

어미 새를 보며 하나의 생명이 태어나기까지는 엄청난 인내와 희생이 필요하다는 게 인생의 비밀이 아닐까 하는 생각이 든다.

올해는 예년에 비해 유달리 비가 많이 온 것 같다. 비 오는 어느 날 갑자기 쏟아지는 소낙비와 비바람을 동반한 폭풍우는 가냘픈 새집을 강타하기 시작했다. 이 비바람에 새 가족이 무사할까? 나는 안절부절 생각을 지우지 못하고 밤새 걱정이 앞섰다.

다음날 우중충하던 먹구름이 개이고 맑은 하늘에 햇빛이 비쳤다. 나는 서둘러 뛰어나가 어미 새의 둥지를 찾았다. 그런데 새는 보이지 않고 모래 위에 세운 집처럼 허물어진 둥지만 발견했다. 거센 비바람에 무너진 작은 공간. 어미 새가 애지중지하던 생명들이 힘없이 바닥에 떨어져 산산조각 난 흔적만 있을 뿐이었다. 어미 새는 어디론가 날아가 다시 돌아오지 않았다.

나는 이 모습을 보고 하늘 아래 생명체는 하나님의 섭리에 좌우된다는 인생의 지혜를 배웠다. 인간의 삶도 마찬가지다. 허술한 가정은 비바람에 쉽게 무너지게 된다는 의미를 깨달았다.

나는 다시 한 번 신앙의 옷깃을 여미며 주님의 사랑이 이 가정에 부활의 생명으로 태어나길 바란다.

이민자의 희로애락

100년의 이민 역사 속에 1970~80년대 많은 한국 사람들이 Ameri- can dream을 꿈꾸며 이민 오기 시작했다. 우리 가정도 먼저 이민 오신 큰아버님의 초청으로 1986년 12월 15일 고국의 사랑하는 부모형제를 뒤로하고 아쉬운 작별을 해야 했다. 우리 부부는 여섯 살과 두 살 난 두 아들과 이민 가방을 들고 김포공항을 빠져나와 American air line에 몸과 마음을 싣고 긴 시간 하늘의 구름 위를 날아 태평양을 건너 도착한 곳 International airport washington DC였다. 그해 겨울 Washington의 날씨는 매섭게 추운 날씨였다. 낯선 땅에 도착한 우리 가족은 마중 나온 큰아버님의 인도를 받아 City of Fairfax에 거주하도록 우리를 위해 미리 준비해 놓으신 Apt에 이민 가방 풀고 어설픈 이민생활이 시작되었다.

문화와 언어가 다른 이 거대한 땅에서 어떻게 적응을 할까 두려움과 고민 속에서 쉽게 적응하지 못하고 겨우내 우리 안에 갇힌 새처럼 Apt 안에서 아이들과 놀고 지냈다. 이때 세월에 깨닫게 된 것이 빈부의 차이가 없이 먹고사는 생활방식과 개개인의 발이 되는 자동차는 우리의 삶에 필수적인 일부라는 것이었다. 미국사회를 하나하나 터득해 가는 동안 겨울은 지나고 따뜻한 봄 향기가 겨울잠을 깨우듯 따뜻한 햇살로 찾아왔다. 겨우내 웅크린 마음을 풀어준 싱그러움이 가득한 녹색의 물결 속에 힘차게 미국사회의 첫발을 딛는 이민자의 삶이 시작되었다. 두 아들은 학교, 남편은 전공을 살려 Daon- Ford라는 Electric 작은 미국 회사에 취직을 하게 되었다. 하루 8시간씩 5일 일을 하고 산다는 것은 한국에서의 삶이 비교가 되어 신기하기만 했다.

그 어디를 가 봐도 모든 사람들이 성실하게 일하고 먹고 산다는 것은 빈부 차이가 없이 정직한 사회가 주는 삶의 희망이라고 할까, 부지런한 자에게 주어지는 성공의 기회임을 짐작할 수가 있었다. 낮에는 텅 빈 집과 길거리에는 분주하게 오고가는 자동차만이 신나게 오고갈 뿐이었다. 이곳의 다양한 사람들의 삶은 남녀노소 모든 사람이 직장과 일터에서 바쁘게 살아가는 경제적인 활동 속에 동네마다 조용하고 사람들의 모습은 보이지 않았다. 누구나 일을 해야 먹고산다는 이미지 속에 나는 고민과 동시에 어떻게 적응하며 살 수 있을까? 그동안 우리 안 개구리처럼 집에서 살림만 하던 내가 일선에 나가 일을 해야 한다는 생각 속에 복잡한 마음은 어느새 American dream을 위해서 이민을 온 우리가 아닌가. 놀고먹고 살 수 없다는 현실을 깨닫게 했다. 나는 언어의 두터운 장벽과 냉혹한 사회 속에 뛰어들어 일을 시작하게 되었다. 주로 한인들이 운영하던 가게는 Dry-clean 아니면 Delishop이었다. 나는 아는 사람의 소개로 미국인들이 주식으로 먹는 snadwich shop에서 일을 하게 되었다.

아침 7시~오후 4시까지 뒷일부터 시작해서 야채를 썰고 그릇을 닦으며 Sandwich를 싸는 일은 쉽지는 않았다. 익숙지 않은 일과 서투른 영어와 육체적인 고통은 누구나 겪어야 하는 이민자의 힘든 삶이라 생각하고 아이들은 아이들대로 색깔이 다른 다문화 가정 속에서 적응해야 하는 이방인의 어려움이 아닌가싶다. 한참 어리광을 부리며 사랑을 받고 자라야 할 나이에 아이들끼리 학교도 가고 집에 오면 집을 지키며 엄마 아빠를 기다려야 하는 외로움 속에 견뎌야 하는 고달픈 삶이었다. 주로 5일 일을 하는데 하루는 아이들과 한인마켓도 가고 하루는 교회를 나가는 일주일의 삶이었다. 80년대에는 Fairfax city in virginia에 한인마켓이 많지는 않았다. 불편함 속에 주고받던 한인들의 소식은 한인마켓 안에서 이루어지고 있었던 시절도 있었다.

나는 안정된 삶을 추구하며 정신없이 살아가는 세월에 고국에 계신 친정어머님의 소천 소식을 듣게 되었다. 떠나올 때는 2년 뒤에 엄마를 꼭 찾아뵙겠다는 약속을 하고 왔는데 어머니는 2년이란 세월이 길게만 느껴졌는지 갑자기 담석 암이라는 병을 얻어 세상을 떠나시게 되었다. 나는 결혼 후 한 번도 효녀노릇을 제대로 못한지라 아픈 마음은 아쉬움 속에 눈물만 펑펑 흘리며 고향의 하늘만 바라보고 가뵙지 못하는 불효녀의 마음을 자책하며 이민자의 힘든 삶을 몸소 느끼게 되었다. 인생이 강건하면 80년을 산다 했는데 어머니는 69세란 짧은 세상을 사셨다. 세월 앞에 장사 없다는 옛말이 있듯이 나는 아픈 마음을 추스르며 일상생활에 전념해야 하는 내 모습이 싫었다. 어쩔 수 없는 인생 길목에서 언제나 다람쥐 쳇바퀴 도는 인생 여정 속의 일부인 생활은 나의 삶에 새로운 도전을 심어주었다.

그동안 일한 경험을 삼아 내 Business를 하기로 결정을 하고 남편에게 내 사업을 종용했다. 남편은 반대의 입장을 내세웠다. 그러나 나는 아이들만 놔두고 일을 할 바에는 내 사업을 해 돈이라도 벌겠다는 신념 하나를 가지고 Business를 시작했다. 아침 7시부터 오후 5시까지 Hello, How are you, may I help you를 수없이 외치며 일을 해야 하는 주인으로서의 삶은 일인 삼사역을 감당해야 하는 힘든 일이었다. 그렇다고 몇 백만 불을 버는 것도 아닌데 이민생활에 몸도 마음도 지쳐가고 있을 때 유수 같은 세월은 90년대를 맞고 있었다. 90년대에는 이민 온 한인들이 눈에 띄게 Washington에 많이 살고 있음을 알게 되었다. 동시에 이곳저곳에 세워진 한인 Market들이 미국시장을 장악하기 시작했다.

다민족이 사는 City of Fairfax에 크게 자리 잡은 H-mart는 한인들의 마음을 사로잡았다. 한국에 가서 사야하는 물품들 하며 신선한 먹거리들을 살 수 있다는 편리함과 언어의 장벽 없이 소통하는 대화 속에 공유하는 삶은 한인들의 기쁨이자 또한 자랑거리가 되었다. Super H-nart는 우리들의 심장과도 같은 미국사회에 한인들의 힘이 되기도 한다. 나는 주말마다 멀리 가지 않아도 쉽게 먹거리를 살 수 있는 H-mart에 매력을 느끼며 감사가 절로 나온다. 나는 10년 동안 Business를 하면서 쉽게 지울 수 없는 일들이 몇 번 있었다. 매년마다 사건사고가 많이 나는 Season 중에 Thanksgiving과 Christmas는 보이지 않게 두려운 시즌이기도 했다. 이곳저곳에 권총 강도들이 들어와 돈을 빼앗아 가는 사건들이 종종 있었다.

그러던 어느 해 겨울 Christmas를 맞이하여 큰아들과 작은아들을 가게로 오라고 했다. 퇴근하는 길에 Christmas Shopping을 하기 위해 가게로 불렀다. 아이들은 오자마자 냉장고에 드링크를 채우며 일하고 있었고 나는 뒷정리를 하느라 5시에 가게 문을 닫지 못한 채 일을 하고 있었는데 흑인 세 명이 들어왔다. 이들은 Sandwich를 주문하는 척 말을 걸어왔다. 나는 가게 문을 닫았노라고 말을 하자 나가는 척하더니 갑자기 얼굴에 가면을 쓰고 세 명이 다시 돌아와 권총을 내밀며 돈을 요구하는 것이었다. 아이들에게도 권총을 대고 지키고 나에게는 목에다 권총을 들이대며 캐시통을 열라고 했다. 나는 오후 매상 5~6백 불 캐시통을 열어주었다. 그들은 돈을 가지고 순식간에 달아났지만 아이들과 나는 심장이 멎을 것 같은 순간 두려움과 서글픔 속에서 아이들을 부둥켜안고 주저앉아 하염없이 울었다.

나는 곧바로 Police를 불러 절차를 마치고 집으로 돌아오는 길에 많은 생각을 하게 되었다. 길지도 않는 나의 인생 속에 왜 이렇게 살아야 하는지 어린 자식들에게까지 이런 모습을 보이며 평생 잊지 못할 선물 아닌 상처와 아픔으로 Christmas gift를 주게 된 지금도 잊을 수가 없는 사건 중에 하나이다. 나는 인생역전이라도 할 것처럼 열정을 가지고 일선에 뛰어들었지만 Business 10년 세월에 번 돈보다 귀하게 얻은 것은 삶에 인내를 배우고 가정의 소중함을 깨달은 것이다. 인생의 희로애락 속에 큰아들은 결혼을 하고 작은아들은 직장생활에 나는 집에서 가정을 보살피며 살림만 하는 여인으로 전락했다. 남편은 비가 오나 눈이 오나 일터로 향하는 매일의 삶이 지금까지 되풀이 되고 있다.

유수 같은 세월 속에 Virginia의 아름다운 사계절은 나의 삶에 변함없이 긍정적인 생각 속에 크고 작은 꿈을 꾸며 살아가는 제2의 고향이 됐고 25년이라는 인생의 연륜 속에 안정된 삶을 살아가고 있다. 이제 남은 여생의 유일한 낙은 그동안 바빠서 해먹지 못했던 우리 고유의 음식을 온 가족이 맛있게 먹을 수 있는 행복한 밥상을 만드는 일이다. 또한 이 버지니아에는 많은 한인교회도 있다. 누구나 한인교회를 쉽게 다닐 수 있다는 것도 이민자로서 삶의 기쁨이라 생각한다.

My Pray

Jesus Christ was born for us. He created a great world. He surprised us with his plan. He loved people and the world so much. What a great wisdom and intelligence he has He is watching all countries and all the people. There are too Much sins every Where. He is always praying to God. He is righteous in the road through gospel. Jesus said "come to my heart" My arms are open widely and waiting for people promising an eternal life in heaven. He is talking to the people To returning to the Lord still having a great powerful mission everywhere. I saw his righteous with gospel and living life. I think about holy spirit every day. Who is powerful, greceful, merciful, truthful, faithful, and long suffering. I know that his only power in the world is almighty. He gave me a great gift everlasting life. I really want to be holy and spiritual every day. I pray that every day to be successful in saint life. This is very important for me. Opening My mind to him always. Pray to the Lord in heaven and conversation with him. He always listens my prayers and convey it to the heavenly father. He answers my prayer with great gifts now or later. Thanks to Jesus. Sometimes he touches my heart. He opens my eyes and wakes the spirit up in my. Jesus saved me and my family from our sins because I'm noting like and other people as well. So I'll go to the palace in the heaven. He is talking to everyone about eternal life in heaven. Please, "Come to the Lord right now"

My country's four seasons

My country is South Korea. The capital is Seoul, the most populated city.

Seoul has many famous places and many big shopping centers. There are many different food courts.

The metro, buses, and taxies are always busy to Seoul. Please come and visit my country anytime.

The city has a famous Nam San monument tower. This tower has many people who walk and visit the tower for exercise. My country has four kinds of seasons and beautiful weather.

It is very fresh and warm in spring. Everywhere is exciting because flowers and trees bloom. Spring is beautiful. Next, summer is usually hot and rainy. Also overcast and humid and many kinds of flowers broom and it is very green. Many people like to vacation near the ocean to swim and relax.

In fall the weather changes a lot there are cool winds and warm weather. Many people like fall and spring. It's not hot or cold. The weather is good for many couples who get married.

During this season many people likt to take trips to famous places in my country. Some famous places in my country. Some famous places are Gejudo, Busan, Kyungju, and Seoul. Many other ethnic people have visited my country ever year. When winter comes It is really different. The sky is dark.

The temperature is cold and freezing. There is snow and cold wind everywhere. These are the four kinds of beautiful weather in my country.

봄날의 환희

눈꽃송이 내리던
시린 가슴에
살며시 봄의 향기가
이른 새벽을 열고
지저귀는 온갖 새들의 노랫소리는
온 세상을 깨우고
요란한 소리에
놀란 떡잎의 몸부림은
빛을 향한 봄날의 설레임인 듯 흔들린다
나뭇가지엔
연녹색 잎들이 얼굴을 내밀고
꽃은 봉오리를 피우며
수줍은 미소가
산 끝자락에서부터
우리 삶에까지 요동치는 봄날의 환희

새벽 종소리

땡그랑 땡그랑 땡그랑
내 어릴 적 단잠을 깨우던 종소리
온 동네를 돌고 돌아 산골짜기까지
울리던 새벽 종소리
영혼을 깨우던 종소리에
어머니는 몸과 마음을 단장하고
미명의 어둠을 헤치며 가시던 교회
길고도 짧은 인생길에
희로애락을 가슴에 품고
두 손을 모으던 고요한 시간들이
긴 세월의 옷자락이 되어
길게 펼쳐진 기도의 향기는
오르락내리락 하늘 문을 두드리고
새벽 안개처럼
피어나는 소리 없는 눈물 속에
목 메인 목소리로 가슴 적시던 세월
주님의 사랑이 열매되어
거대한 믿음의 유산을 남기시고
사라진 종소리와 함께 떠나신 어머니

내 귓가에 들리는
어머니의 기도소리는
내 삶의 새벽을 깨우는 복음의 소리

침묵의 꿈

창문을 뚫고
들어오는 햇살은
움츠린 가슴의 환호성
침묵 속에
꿈꾸던 생명들이
미소 짓는 최고의 순간
봄날을 맞아
힘차게 피어나는
목련꽃 개나리 수선화
우리의 삶
인생의 꽃밭에서
만끽하는 내면의 행복

인생의 꽃

변화무쌍한
세월의 연륜 속에
새겨진 삶의 흔적들
주름진 얼굴
거칠어진 피부
하얗게 내린 서릿발
인생의 면류관이 되어
황혼의 숨결이 깃든다
어눌한 대화 속에
마주잡은 입맞춤은
노년의 꽃다운 마음이어라
열정 속에 피는 꽃
가슴 속에 젖는 사랑이
저녁노을에 깊어만 간다

낭만의 호수

아침마다
눈부시게 피어난 연꽃
우아함이 가득한 작은 호숫가
물고기들은
춤추듯 꼬리를 흔들며
하늘을 날 것처럼 점프를 하고
뒤뚱뒤뚱
오리 가족의 입성은
두 날개로 호수를 품듯
유유히 고귀한 자태를 뽐낸다
온갖 새들의
쉼터이자 놀이의 공간
만물 속에 작은 생명의 근원지
자연과 소통하는
호숫가의 벤치는 여인들의
사랑이 깊어가는 낭만의 호수

모닥불

노을 진 끝자락
모닥불을 피워놓고
멍석 위에 옹기종기 둘러앉아
하루의 피로를 풀며
간식을 먹던 수박과 참외
반딧불 속에 깊어가는 여름밤
검은 연기 속에
윙윙대는 모기들
함성을 지르며 사투를 벌인다
밤하늘의 별처럼
쏟아지는 이야기 속에
가족의 사랑이 깊어가는 밤
모닥불 속에
풋내음 향기 가득한
그리운 고향의 숨결이어라

코스모스

고운 자태
은은한 향기
잔잔한 미소 속에
님을 부르듯
시선을 사로잡는
갓 여린 코스모스 꽃
색색깔로
나부끼는 꽃잎은
여덟 폭 긴 치맛자락
꽃길따라
피어나는 순정
설레는 입추의 행복
꽃잎 속에
새겨진 숨결이
여인의 향기 같구나

A Lake of My Love

Standing at gaze gorgeous twilight
Surroundings of pond has a lot of fish splashing
Couple of ducks & turtles are enjoying their lives
Bulbs of lotus are ready to bloom
Birds are their best season which enjoying merrily
Some people are dreaming on the bench
I am enjoying gorgeous sunset alike my dream of life
This is a place of great surroundings
Where give me utmost happiness

Charlie

His name is charlie.
Charlie was born in a puddle.
He is a Three months old baby.
His father was a champion medalist
Charlie is little white dog.

He is always close to me.
He doesn't like to be home alone.
He likes playing so much.
It's usually necessary for him.
But Charlie has a problem because.

He begins to loss control and urinates.
I decide to train him for life.
It's not an easy with conversation.
Talking about things doesn't understand.
Some time I am angry for him.

His face was afraid and his body shirvers.
I thought it was learning to urinates.
A few minute later over and over he's obstacle.
I trained him for many days to discipline.
At this moment Charlie has a solution in life.

He know now understand.
Because when he wants to something.
Always funny talking and using body language.
We have an intelligent relationship.
Charlie has improved and comfortable with life.

Choral

In the morning
Comes beautiful choral sounds
In all harmony. It is so fantastic
The sound of life is exciting at sunrise
Many birds sing and fly such is freedom
All natural coming with beautiful sounds
It sounds like a shot of joy all together
Nature is resurrection with smile appear on the face

하 순 득의 시와 산문

하순득 약력

- 1925년 1월 18일생
- 1942년 국립 간호학교 입학
- 1944년 동교 졸업
- 1987년 워싱턴 신학대학 입학
- 1996년 동교 졸업
- 2012년 워싱턴창작문인회 회원

시어머니 생각

"너는 친정엄마 닮아 딸만 낳는다 소리 듣지 마라. 그리고 시어머니가 연로하셔서 너를 된 시집살이 시키지 않을 거야. 걱정하지 마라."

예식장을 향해 나서는 내 귀에 대고 속삭이던 엄마의 말은 달달 떨기만 하던 내 귀에 무슨 말인지 아직 모른다.

예식장에 닿아 신부대기실에서 식장으로 나갈 준비를 하고 있는데 난데없이 신랑감이 뚜벅뚜벅 대기실에 들어와

"내 신부 너무 뚫어지게 쳐다보지 말아요. 닳을까봐 걱정이다." 하자 대기실에 있던 나를 돕던 사람들이 한바탕 웃고는

"저리 나가거라. 늙은 신랑이라 부끄러운 줄도 모르고 아무데나 들어온다." 하며 밀어 쫓아내 버렸다. 그때 신랑 나이 31세였다.

시집을 오니 작은 처녀 아이가 있어 부엌에서 나를 도왔다.

그 이름이 연아라고 해서 부르기 쉽고 마음씨가 착해 연아와 나는 곧 부엌에서 단짝 친구가 되어 버렸다.

연아는 나의 시어머니를 할머니라고 불렀다. 그 당시 나의 친정엄마는 50세, 시어머니는 64세였다.

시어머니께서 우거지국을 좋아하신다고 연아가 귀띔을 해준다. 소고기, 돼지고기, 닭고기는 안 잡수시고 생선도 안 잡수신단다. 미국에서 말하는 완전 채식주의자신데 건강하시다. 우거지국은 매일같이 번갈아가며 끓이는데 연아가 끓인 우거지국은 맛이 좋고 내가 끓인 우거지국은 싱겁다. 우거지국도 하나 못 끓인다 흉볼까봐 어느 날 안보는 척하며 옆눈으로 훔쳐보니 우거지를 썰어 된장 한 순갈 떠 넣고 참기름, 마늘, 양파, 갖은 양념 다 넣어서 손으로 조물락 조물락 힘을 주어 한참 짭짤한 맛있는 나물로 무치더니 거기다 멸치와 쌀뜨물을 부어 천천히 끓인다. 배웠다. 이제 알았다. 방법이 다르다.

딸만 내리 여섯을 둔 우리 집에 내가 넷째로 환영받지 못하면서도 알차게 태어났다. 아버지는 그래도 행복하셨고 하나같이 우리를 사랑해 주시며 엄마의 매운 눈총 받을 때 아버지의 따뜻한 등 뒤가 우리의 피난처였다.

누가 시키는 사람 없어도 손으로 입을 가리울 일이 연발하는 시집살이, 들통이 날 때마다 괜찮다 괜찮다 부드러운 미소로 조리방법이나 식사 풍습이 다르고 식탁에 둘러앉은 식구들의 얼굴은 마치 생소한 땅에 뚝 떨어진 외로운 참새 같은 나에게 시어머니의 넓은 용서의 말 한마디가 나의 시집살이를 그날 그날 지탱하게 해주셨다.

며칠 후 우리 방 구석에 작고도 예쁜 소쿠리 같은 것이 있어 집어보니 바느질 소쿠리인 모양으로 그 안을 보니 까만 실타래, 흰 실타래, 바늘꽂이에는 굵은 바늘, 가는 바늘이 꽂혀 있어 바느질 때 필요한 기구 일절이 고스란히 담겨져 있었다. 사실 바느질하고는 전연 인연이 없는 나인데 시어머니는 원래 그렇게 하는 건줄 알고 고맙다는 인사도 없이 받고 말았는데 세월이 흐르고 나서야 그분의 자상한 사랑이 살아서 내 마음에 깨달음의 종소리로 울린다.

시어머니께 빚진 삶을 살았던 내게 새 사람 며느리를 둔 지금 나는 그들에게 아무것도 사랑의 표시를 못하고 살아가고 있다.

탁구 치기

나는 탁구 치며 재미를 본다.

탁구는 실내 운동이기 때문에 바람이 불거나 비가 와도 계속할 수 있는 장점이 있다. 운동하는데 공간이 크게 필요치 않아 집 지하실이나 집 뒤뜰에서 할 수 있는 장점도 있다. 과격한 운동이 아니니 우리 시니어들에게 특히 권장할만한 운동이며 라켓만 손에 잡으면 누구나 할 수 있다.

특기할만한 기술이나 비결이 없고 네트를 넘어오는 공을 받아 치기만 하면 된다. 두 사람이 마주 서서 중앙에 쳐진 네트를 넘어 상대편 쪽 판을 한 번 찍으면 된다. 상대편은 넘어오는 공을 네트 너머로 되받아 치면 성공하는 게임이다. 굉장히 재미있다. 실제로 해보면 설명하는 것보다 훨씬 쉽고 간단하다.

요즘 우리 아파트 건물 뒤에 탁구 치기 알맞은 거지보(임시건물)를 지어 우리들로 하여금 탁구를 치게 하는데 단지 탁구만 치게 지었는지 다른 일로는 건물을 사용하지 않는다. 넓이도 탁구 치기에 알맞은 충분한 공간이다.

부탁도 하지 않았는데 내가 탁구 치기 좋아하는 줄 어찌 알았는지 마치 날 위해 지은 집 같다며 또 한 번 미국에 혼자서 감사하고 있다. 우리 아이들이 합자해서 기구 일절을 사서 설치를 해주니 나는 라켓과 공만 가져가면 언제든지 칠 수 있다. 고마운 일이다.

가끔 아파트 주민 친구들을 전화로 불러 "시간 있으시면 내려오세요. 탁구 칩시다. 재미있어요." 하면 반가워하며 뛰어오는 친구도 있고 "나는 탁구 칠줄 몰라요!" "팔이 아파 못해요." 하는 친구가 더 많다.

우리 옆집 가톨릭교회 파킹장을 산책하다 보니 젊은 남학생 둘이 하늘 높이 공놀이를 하고 있기에 다가가서 "너희들 나하고 탁구 칠래?" 하고 물으니 그 중 하나가 풀썩 좋아하며 친구보고 "가자, 탁구 치러 가자. Billy!" 하기에 소리 지르는 학생 손을 덥석 잡고 우리 아파트 뒷마당 거지보로 데리고 왔다. 거지보에 오자 "나 탁구 잘 치지 못해요." 한다. "괜찮다. 나도 잘 못친다." 이미 훈련받은 운동신경 탓으로인지 약간 서툴던 처음 솜씨가 곧 익숙해지더니 거의 한 시간 저희 둘이 교대로 재미있게 운동하고 "우리 가야해요." 하며 전화번호를 주며 "불러주세요. 또 올게요. 우리 엄마도 탁구 치기 좋아할 거예요." 두 학생은 멀리 뒤돌아보며 높이 손을 흔들며 돌아갔다. Billy와 Bill이 그 후 한 번 더 찾아와서 재미있게 게임을 하고 다시 만나자 하며 떠나갔다.

어느 날 오후 또 가톨릭교회 파킹장을 산책하던 중 내 옆에 누가 천천히 차를 파킹하는데 보니 중년신사가 차에서 내릴 준비를 하기에 웃으며 유리문을 똑똑 "Hello 혹시 탁구 칠줄 아세요?" 하고 물으니 약간 당황하는 눈치기에 "나는 옆집 시니어아파트에 사는데 탁구 칠 파트너를 찾고 있지요. 우리 아파트에는 지금 탁구 칠 사람이 아무도 없어요." 하며 애교 어린 눈으로 사정하자 뜻밖에 웃으며 "해보자." 하며 따라온다.

바로 코앞에 있는 옆 빌딩이니 이미 라켓과 공은 항상 핑퐁 테이블 위 아니면 내 손에 쥐어 있어 가제보에 들어가 치기만 하면 된다.

사실 알고 보면 그들에게 공짜로 굴러 들어가는 황금 박 인대도 재미 보기 시작할 때까지 시간이 걸린다. 싱글싱글 하며 나를 따라온 친구(?)의 탁구솜씨가 보통이 넘는데 내가 한 번 공격을 할 때마다 "Good shot!" 하며 칭찬해준다.

한 시간도 넘게 재미있게 치고 가면서 명함을 주며 탁구 치고 싶을 때 전화 달라고 하며 갔다. 나도 옛날 학교에 다닐 때 배운 솜씨라, 수십 년의 시간이 지난 지금은 다시 탁구 초보자나 마찬가지다.

어느 날 사무실에서 전화가 왔다. 누가 와서 너를 찾으니 나와 보라기에 누군가? 천천히 나가보니 뜻밖에 제리가 벌떡 일어나며 손을 내민다. 탁구를 치러 온 것이다.

항상 내가 탁구 치자고 파트너를 찾아다니거나 친구들을 불러내지, 누가 와서 탁구 치자고 나를 불러내는 사람은 없었다. 그런데 오늘 제리가 탁구 치자고 멀리서 찾아와 나를 불러주니 어찌나 반갑고 고마운지(하나님 감사합니다. 탁구 칠 친구를 보내 주셨네요.) 마치 100년 친구처럼 hug하면서도 어색하지 않았다.

교회에 일을 보러가야 한다며 한 시간 가량 재미있게 치고 가면서 탁구 치고 싶을 때 전화 달라 하며,

"지난번에 내 명함 주었지, 가지고 있나?"

"어디 있는지, 없어졌다." 하자

또 하나 명함을 준다. 얼마 안가 제리는 내가 상대할 수 없을 챔피언이 될 것 같다. 명함을 보니 - 제리 월터 CPA - 세금보고를 돕는 직업인이다. 친절하며 예의바른 신사다.

요즘 막내아들이 목요일이면 와서 한 시간 동안 재미있게 운동하고 간다. 탁구 칠 친구가 없다는 불평을 들은 아들이 엄마를 생각하는 마음으로 시작했다가 이제는 스스로 재미있어 한다. 가끔 내가 피곤할 때도, 같이 나가 시작하면 상쾌해 진다.

아들은 테니스 선수다. 탁구를 쳐서 내가 겪는 유익의 몇 가지 중, 심신이 맑아지며 상쾌해지고, 식욕이 왕성해지며 가끔 찾아오는 불면증이 없어지고 단잠이 온다.

"어머니하고 탁구를 치니 내 탁구 기술이 많이 늘었어요, 재미있어요. 어머니!"

아버지 손잡고

아버지는 작은 키에 왼쪽 어깨가 오른쪽보다 약간 처진 옆으로 기울어진 체격을 지니셨는데 젊은 시절 중병의 큰 수술을 받은 후 생긴 후유증이라고 했다.

담배를 피우지 않으시는 아버지는 담배 만드는 회사인 전매청 유아실장으로 계셨는데 실장이라고 하나 유아실 청소를 하고 여자 직공들이 아기 젖먹이면서 점심식사를 하기 때문에 음료수도 준비한다. 12시 점심시간이 되면 일제히 작업을 중단하고 베이비시터와 아기가 기다리는 유아실로 엄마들이 뛰어오는데 천천히 여유 있는 걸음으로 걸어오는 엄마는 아무도 없고 마치 같은 유니폼 입은 달리기 선수들의 경기장같이 열심히 뛰어온다.

그때 남자들은 회색, 여자들은 자색 유니폼을 입고 있었다. 아기들에게 잠시라도 빨리 젖을 먹이기 위해 정신없이 달려온다. 점심 휴게시간은 한 시간, 그 한 시간이 엄마와 아기들에게는 천국이다.

우유가 귀하던 때라 오후 3시에 잠깐 한 번 더 엄마 젖을 얻어 먹인 후 베이비시터들은 아기를 업고 유아실을 떠나 제각기 집으로 돌아간다. 나도 내 동생을 등에 업고 여직공으로 일하던 엄마 젖 먹이러 전매청에 다니던 재미있는 경험이 있다.

구두 코끝이 반짝반짝 에나멜로 된 아버지 구두 닦는 일은 식구들이 내게 일임한 즐거운 내 몫의 일이었다. 교회 가실 때나 혹 외출하실 때 아버지 구두를 품에 안고 엄마가 건네주는 천 조각에 구두약을 발라 빤질빤질 광나게 한 뒤 마루 끝에 나가실 때 신으시기 편리한 방향으로 나란히 놓아두면 내가 닦은 구두를 신고 대문을 나서시는 미소 어린 아버지 뒷모습을 바라보고 서 있는 나는 몹시 행복했다. 이런 흐뭇하고 자랑스럽던 내 마음을 아는 사람은 엄마 외에는 우리 식구 중 아무도 없었다. 엄마는 내가 아버지 구두 닦을 준비를 하면 천 조각도 찾아주고 나의 구두 닦기 조수가 되어주기도 했다.

저녁 5시 가까이 되면 철둑길 건널목을 넘어 퇴근해 오시는 아버지를 마중 나간다. 지축이 울렁울렁 울리기 시작하면 건널목 수위 아저씨가 수위실에서 나와 차단기를 내린다. 하늘 높이 올라가 있던 차단기가 내려와 건널목을 막으면 아무리 바쁜 사람도 철둑길 밖으로 나와 기차가 다 지나갈 때까지 기다려야 한다. 차단기에 막혀있는 우리들을 보고 기차 안에 타고 있던 사람들이 손을 흔들고 또 어떤 사람들은 얼굴을 밖으로 내밀며 팔을 흔든다. 그때 우리도 만세, 두 팔을 높이 들고 화답하는 삼삼한 시골 철둑길 건널목은 재미있는 풍경이었다. 기차 마지막 칸까지 다 지나가고 차단기가 하늘 높이 다시 올려지면 저쪽에서 기다리시던 아버지가 이쪽으로 넘어오시는데 건널목 중간에서 만날 때가 있다. 사람들 틈에 끼어 넘어오시는 아버지 모습을 보자마자 마구 뛰어가 품에 덥석 안기면 어떤 사람은 웃는 얼굴로 쳐다보며,

"딸인가 보다. 아버지가 좋아!" 하며 지나간다.

내 손을 잡은 아버지는 급한 발걸음으로 "빨리빨리" 하시며 건널목을 통과하신다. 꽁꽁 얼었던 내 손은 따뜻한 아버지 손에 잡히자 금방 녹아 춥지 않게 된다. 아버지 퇴근시간 기찻길 건널목에서 만나 집에 오는 날은 내 두 다리는 땅을 밟지 않고 둥둥 공중에 떠서 집에 와 버린다.

시간과 세월이 흘렀음에도 아버지 손잡고 즐겁게 집으로 돌아오던 그 손의 따뜻하던 체온으로 행복하던 나를 바라본다. 아버지의 손은 나의 우주요 내 고향이다.

가을의 찬가

우리를
찾아온 불타는
하나님 마음 닮은
붉은 단풍 눈부신 포플라
부엉이와 까마귀도 덩달아 춤추는

달무리
따라가며
해같이 밝게 비치는
이슬에 젖은 기러기 떼 밤길
뛰어난 질서로 하늘 길 가로질러

삼나무
호랑나무
소나무 알짜배기
태고부터 뿌리는 그 빛 받아도
개울과 시냇물로 바래지 않는 절개

늦은 비
받은 줄기
열매로 갚아내고
기름진 햇살 솟구쳐내는 샘물
춤추며 굴러가는 사명 다한 낙엽들

메뚜기
신나게 높이 뛰는
풍년 날개 넓은 들판
영글어 고개 숙인 볏단 사이로
이 끝에서 저 끝까지 눈부신 노을

싱그러운
귀뚜라미 사랑 노래
별들도 갑절로 반짝이는
숨 쉬는 내 마음 트인 골짝에
연 년 아직도 살랑이는 가을꽃 코스모스

미국

자유의
횃불 손 높이 든
나 먼저 가지 아닌
손 신호로 남 먼저 보낸다

미로 속
헤매는 깊은 밤길
무릎 치며 감탄한다
앞서가 기다리는 내가 찾던 길

저는 다리
얽힌 비틀걸음
집혀 주는 손 지팡이
물기 잡힌 눈가 흐느끼는 고마움

곤비히
쫓겨난 이방인
문 열어 받아주고
물에 빠진 나 손 내밀어 건져주네

등뒤로
총 내미는 적
밥 굶을 때 먹여주고
아들 딸 희생하며 자유 위해 죽는다

사랑아
너 위해 기도한다
부르짖어 마음과 두 손 들어
만물의 조성자 볼 수 없는 여호와께

워싱턴 창작문학회원 전화번호

수록회원	전화번호
김경란	703-901-0377
박도영	703-785-8613
손지언	703-000-8718
이은애	571-235-8997
정영희	703-764-5344
정청자	703-219-2028
조금선	703-802-0857 703-400-1734
지영자	703-219-2028
차영운	703-278-8718 703-774-5797
하순득	703-455-6283
미수록회원	전화번호
오순희	703-853-6524
옥정자	443-416-1637
이현애	703-919-1637
조영복	703-734-2344

창작문학

2013년 10월 10일 인쇄
2013년 10월 15일 발행

지은이 / 워싱턴 창작문학회
발행인 / 박진환
펴낸곳 / 조선문학사
등록번호 / 1-2733
주소 / 110-092 서울 서대문구 홍제2동 96-4
대표전화 / 02)730-2255
팩스 / 02)723-9373

ISBN 978-89-98115-34-0

정가 15,000원